高等院校**通识教育**系列教材

U0692001

大学生创业基础

（第 2 版）

张恒　陈莉◎主编

喻春◎副主编

人民邮电出版社

北　京

图书在版编目（ＣＩＰ）数据

大学生创业基础 / 张恒, 陈莉　主编. -- 2版. --
北京：人民邮电出版社，2024.3
高等院校通识教育系列教材
ISBN 978-7-115-63087-2

Ⅰ．①大…　Ⅱ．①张…　②陈…　Ⅲ．①大学生－职业
选择－高等学校－教材　Ⅳ．①G647.38

中国国家版本馆CIP数据核字(2023)第238010号

内 容 提 要

本书以培养具有创新创业基本素质和创新创业精神的应用型人才为目标编写。全书共九章，内容包括创新创业概述、创业者与创业团队、创业机会与创业风险、创业资源、企业职务能力培育、市场调研、商业模式、创业计划书及创新创业大赛实践。本书还收集了国内有影响力的大学生创新创业竞赛的获奖作品，以此作为实践教学案例，以激发学生的参赛热情和学习兴趣。

本书既可作为高等院校本科、专科创新创业教育的通用教材，又可以作为对创新创业感兴趣，拟拓宽视野、增长知识的人自学用书。

◆　主　　编　张　恒　陈　莉

　　副主编　文成玉　喻　春

　　责任编辑　李媛媛

　　责任印制　王　郁　陈　犇

◆　人民邮电出版社出版发行　　北京市丰台区成寿寺路 11 号

　　邮编　100164　　电子邮件　315@ptpress.com.cn

　　网址　https://www.ptpress.com.cn

　　三河市兴达印务有限公司印刷

◆　开本：787×1092　1/16

　　印张：11.25　　　　　　　　　2024 年 3 月第 2 版

　　字数：230 千字　　　　　　　2025 年 6 月河北第 5 次印刷

定价：49.80 元

读者服务热线：(010)81055256　印装质量热线：(010)81055316
反盗版热线：(010)81055315

本书编委会

主　任　张　恒　陈　莉

副主任　喻　春

编　委（以姓氏笔画为序）

王晓明　石嘉妮　李　栋　李　浩　李　鑫

杨　琦　杨伟华　张　珂　武文斌　赵　鹏

赵琳杰　高培文　康　欢　殷　桥　黄宇婧

董世平　董　杨　韩晓剑　蔡　亮　薛雨佳

当今世界，不管是个人，还是企业、行业，都已进入一个新的时代。日益成熟的互联网经济、方兴未艾的大数据应用、狂飙突进的工业4.0，以及声势浩大地登上历史舞台的人工智能，这些新的事物不断涌现在我们眼前。与过去相比，我们身处的环境变得更加复杂，不确定的事件比比皆是，我们正处在一个易变、不确定、复杂的世界里。

时代的发展和变化影响着我们每一个人、每一个企业、每一个行业的发展。历史从未像今天这样渴望和重视创新创业者——那些不断应对外部世界变化，敢于挑战和突破，将机会转变为现实并为自己和他人创造经济价值与社会价值的人。

"创造一切非凡事物的那种神圣的爽朗精神，总是同青年时代的创造力联系在一起的。"青年是整个社会力量中最积极、最有生气的一部分。青年人才是推动社会经济发展、科技创新的主力军和突击队。党的十八大报告提出要"加大创新创业人才培养支持力度""支持青年创业"；党的十九大报告提出要"加快建设创新型国家""鼓励更多社会主体投身创新创业"；党的二十大报告指出："必须坚持科技是第一生产力、人才是第一资源、创新是第一动力，深入实施科教兴国战略、人才强国战略、创新驱动发展战略，开辟发展新领域新赛道，不断塑造发展新动能新优势。"作为教育工作者，我们有责任和义务为年轻人，特别是有抱负、有潜质的创新创业者提供理论和实践方面的学习和指导，引导他们激发自身潜力投身社会转型发展的洪流。

《大学生创业基础》第1版教材自2016年8月由人民邮电出版社出版以来，已经使用了多年。在使用过程中，我们发现教材中有的内容已经不能满足当下创新创业教育发展的需求。因此，我们在2021年10月开始着手对原教材进行改版。与第1版相比，本次改版除了资料内容有了更新外，其他方面比较大的变化如下。

（1）转变创业认知。"创业认知是人们用来做出有关创业行为的评估、判断或决策的知识结构，关注焦点是创业者的思维模式。"在多年的创新创业教学中我们发现，许多在校学生认为创业就是创办公司、建立新企业，创业的目的就是获取财富，实现财务自由，因此创业与绝大多数人无关，创业与在校大学生无关，创业与自己无关。实际上，除狭义的创办公司、建立新企业外，当今的创业更多体现在创建事业上，任何行业和事业的发展过程中都需要创新思维、企业职务能力和创业精神。因此，本次修订，我们增加了创新思维、企业职务能力培育、市场调研等方面的内容。

（2）重视创业方法。在修订过程中，我们不仅注重在校大学生创业认知的转变，也注重增加实践性和操作性方面的内容，比如增加了商业模式设计的相关内容，如商业模式画布、典型商业模式分析、商业模式构建、样本市场深度测试、商业模式调整与优化、创业项目全面实施等内容，希望增加的这些内容有助于在校大学生参加创新创业比赛和开展实践活动。

（3）适应创业实践。随着"大众创业、万众创新"和创新创业教育的深入开展，学生参加创新创业比赛的热情和积极性不断提升，但是由于在校大学生社会资源匮乏、实践经验欠缺、创业知识不足，真正能在学校就开始创办公司、建立企业的学生极少。因此，在修订过程中，我们增加了创新创业大赛实践相关的内容，以便更切合在校大学生创新创业学习的实际。

本次修订工作由西安翻译学院和万学教育集团有限公司共同完成。本书共九章，由张恒、陈莉拟订编写和写作大纲，万学教育集团的喻春、王晓明进行了部分章节的写作，陈莉统稿，具体写作分工如下。

陈莉撰写第一、二、三章及第九章第一节的内容，黄宇婧撰写第四章的内容，张恒撰写第六章第一、二节的内容，李鑫撰写第五章和第六章第三、四节的内容，喻春撰写第七章的内容，殷桥撰写第八章第一节的内容，王晓明撰写第八章第二节和第九章第二、三节的内容，陈莉撰写前言并对修订稿进行最终校改。

参与本次修订工作的还有石嘉妮、张珂、赵琳杰、杨琦、康欢、薛雨佳，他们负责创业案例的搜集和整理及图表的完善，在此一并进行感谢。

本书在撰写过程中还得到了西安文理学院武文斌、西安欧亚学院董杨、西安外事学院赵鹏、西北大学现代学院高培文、西安航空职业技术学院李栋、西安文理学院李浩、西安财经大学行知学院杨伟华、西安科技大学高新学院董世平、西安培华学院蔡亮的大力支持与帮助。在修订过程中，编写者借鉴、参阅了大量国内外创新创业教育与指导方面的文献资料，以及一些专家和学者的理论和观点，在此一并感谢！

由于编者水平有限，书中难免存在疏漏之处，希望读者批评指正，以便本书继续完善。

CONTENTS

目　　录

01 第一章
创新创业概述

党的二十大报告指出："教育、科技、人才是全面建设社会主义现代化国家的基础性、战略性支撑。"

第一节　创新与创新思维

人类社会从原始社会发展至今，其发展史就是一部创新创业史。创新始终是推动一个民族、一个国家向前发展的重要力量。甚至可以说，没有创新，就没有人类的今天。创新是在我国出现频率非常高的一个词。

一、创新的内涵

"创新"一词在我国历史上出现得比较早，据目前所掌握的资料，最早见于《魏书》卷六十二："革弊创新者，先皇之志也。"后来的古籍中也多次出现"创新"一词。但是，古时该词主要是指制度方面的革新，并不包括科学技术的创新。

《现代汉语词典》（第7版）对于"创新"给出了两种定义：一种是作为动词用，指抛开旧的，创造新的；另一种是作为名词用，指创造性，新意。

在国外，美国经济学家熊彼特于1912年最先在德文版《经济发展理论》一书中提出了"创新理论"，成为创新理论研究的鼻祖，但他主要是从经济角度，以企业为主要研究对象对技术与经济间的基本互动机制进行了考量。熊彼特认为，所谓创新，就是建立一种新的函数，也就是把一种从来没有过的关于生产要素和生产条件的组合引入生产系统。他认为创新可以通过以下5种情况实现：引入一种新产品，采用一种新的生产方法，开拓一个新的市场，获得一种原料或半成品的新来源，实现一种工业的新组织。

自20世纪60年代起，管理学家们开始将创新引入管理领域。彼得·德鲁克认为创新的含义是有系统地抛弃昨天，有系统地寻找创新机会，在市场薄弱的地方寻找机会，在新知识萌芽时期寻找机会，在市场的需求和短缺中寻找机会。创新是赋予资源新的创造财富能力的行为。

社会学认为，创新是指人们为了发展需要，运用已知的信息和条件，突破常规，发现或生产某种新颖、独特的有价值的新事物、新思想的活动。

创新的本质是突破，是创造性地"破坏"，即突破传统的思维定式、旧的条条框框的束缚和限制，创造"新"的成果。创新活动的核心就在于一个"新"字。

本书认为，创新是人们在工作、生活、学习等社会活动中，为了获得更好、更便捷的体验和更大的满足，借助已掌握的信息和资源，改进或创造新的事物、技术、文化、方法、组织等，并能获得一定有益效果的行为和活动。

二、对创新的误解

创新是个人、企业、民族、国家在当前变革时代持续发展的动力之源，是推动民族进步和社会发展的源泉。企业、社会、国家的发展和进步都离不开创新，离不开创新型人才的贡献。但是，很多人对创新有误解，认为创新就是创造出全新的、重大的事物，创新是少数特定的天才人物才有的天赋和能力，与普通人关系不大，普通人很难进行创新。目前，人们对创新的误解主要表现在以下3个方面。

（一）创新需要一种特定的性格类型

说到创新，很多人就将它与积极主动、活泼外向、擅长沟通、有独创性、有活力、勇于冒险的先驱企业家联系在一起。然而数据显示，这种"全能型"的企业家永远只是很少的一部分人。我们并不需要只依赖先驱者，因为很多人都能学会创新的技巧，创新和创业精神是可以学习的。创新除了需要拥有浪漫主义的精神和情怀的人，更需要脚踏实地、付诸实践、勤于思考的人，能做好详细的规划并最终凭借顽强的毅力和执着的精神将之实现的人。

（二）创新是理工科学生的专利

很多同学认为，创新意味着技术的革新和进步，创新肯定要有发明专利，是和现代高科技紧密结合在一起的，而这些都是理工科学生擅长的、可以做到的，文科学生要想创新实在是太难了。其实，创新不一定与技术有关，甚至根本就不需要产出"实物"。创新涉及众多领域，包括政治、军事、经济、社会、文化、科技等各个领域。创新可以是一个新的视角、方法、元素、路径、模式等。实际上，创新就是要跳出现有的、固化的定式思维框架。创新是一种思维方式，这种思维方式以问题为导向，不断试错，不断反馈，一小步一小步渐渐地从已知的方法转向新的创意。创新是对传统、固化思维的颠覆，是开辟一种新的思路。文科学生只要眼光敏锐，善于发现问题，勤于深入思考，勇于进行实践，学会整合资源，也是可以进行创新的。

（三）创新与普通人无关

普遍的观点认为，创新就是创造出全新的、重大的、前所未有的事物，普通人不可能进行创新。其实，创新并不像很多人想象的那么难，创新并非一定就要"高大上"，创新的本质是将已经存在的东西进行再组合，一般人也能成为创新主体。我们生活中的创新现象随处可见，而且很多的创新就来自身边的普通人。2006年的诺贝尔和平奖获得者穆罕默德·尤努斯说过："人人都是创业家。当我们还在洞穴时，我们都是最专业的自雇人士，自己觅食、自给自足，那是人类历史的开始。随着文明的来临，我们压抑了这项能力，成为劳工，因为他们在我们身上贴了'你是劳工'的标签。于是，我们忘记自己是创业家。"人类的基因里就有创造、创新的意愿，只不过在历史和岁月的变迁中，因为人类的创新不断受到阻碍，加上人类固有的保守性，我们忘记了自己是创新者，是历史的创造者。

从知识创造的角度来说，创新实质上是知识创造和应用的过程。人是知识的载体，是创新的推动者和实践者。全面创新管理理论认为创新不再只是企业研发和技术人员的专利，而应是全体员工共同的行为，从基层人员到高层管理人员，人人都可以成为出色的创新者。

三、创新的形式

一般来说，创新的形式主要包括发展战略创新、产品／服务创新、技术创新、组织与制度创新、管理创新、营销创新及文化创新等。

1. 发展战略创新

发展战略创新是对原有的发展战略进行变革，是为了制定出更高水平的发展战略。实现企业发展战略创新，就要制定新的经营内容、新的经营手段、新的人事框架、新的管理体制、新的经营策略等。

企业普遍面临发展战略创新的任务。例如，当前有些企业的经营策略明显过时，有些企业的经营范围明显过宽，有些企业的经营战线明显过长，还有些企业的经营内容与自身特长严重脱节。诸如此类的企业如果不重新定位，发展前景堪忧。再如，很多企业都需要重新解决靠什么经营的问题。

2. 产品／服务创新

对于生产企业来说，创新是产品创新；对于服务行业而言，创新是服务创新。例如手机在这些年间已从模拟机发展到数字机、可视数字机、可以上网和拍照的智能手机等。手机的更新换代生动地告诉我们产品的创新是多么迅速。

3. 技术创新

技术创新是企业发展的源泉、竞争的根本。就一个企业而言，技术创新不仅指商业性地应用自主创新的技术，还可以是创造性地应用合法取得的、他方开发的新技术或已进入公有领域的技术，从而创造市场优势。例如华为公司利用生态链整合策略打造了全球领先的5G产业链，推动了数字化经济的发展。

4. 组织与制度创新

组织与制度创新主要有 3 种。一是以组织结构为重点的变革和创新，如重新划分或合并部门、组织流程改造、改变岗位及岗位职责、调整管理幅度等。二是以人为重点的变革和创新，即改变员工的观念和态度，包括知识的更新、态度的变革、个人行为乃至整个群体行为的变革等。三是以任务和技术为重点的创新，即对任务重新组合分配，并通过更新设备、技术创新等来达到组织创新的目的。

5. 管理创新

世上没有一成不变的、最好的管理方法。管理方法往往因环境情况和被管理者的改变而改变，这种改变在一定程度上就是管理创新。例如英特尔公司前总裁安德鲁·格罗夫的管理创新就是因环境情况和被管理者的改变而产生的：实行产出导向管理，产出不限于工程师和工人，也适用于行政人员及管理人员；工作人员不只对上司负责，也对同事负责；打破障碍，培养主管与员工的亲密关系，等等。

6. 营销创新

营销创新是指营销策略、渠道、方法、广告促销策划等方面的创新。例如，腾讯不只将微信定位为一款聊天工具，更是定位为"一种生活方式"，通过公众平台和开放接口接入大量的机构、名人和服务，再嫁接扫一扫、微信支付等，让"生活方式"成为一种可能，把微信变成一个通过智能手机接入的、庞大的打通线上线下的社交平台，使其在移动互联网时代具有持久的价值。

7. 文化创新

文化创新是指企业文化的创新。企业文化的与时俱进和适时创新能使企业文化一直处于一种动态的发展过程。这样不仅可以维系企业的发展，更可以给企业带来新的历史使命和时代意义。

四、创新思维及其特征

创新思维是指以新颖独创的方法解决问题的思维。人们通过这种思维能突破常规思维的界限，以超常规甚至反常规的方法、视角去思考问题，提出与众不同的解决方案，从而产出新颖的、独特的、有社会意义的思维成果。

创新思维具有以下 5 个特征。

1. 独创性

独创性是指在创新过程中展现出的独特和与众不同的思维方式和能力，它是创新思维的重要属性。独创性强调个体或团队在创新活动中通过仔细观察和发问，独立思考、勇于质疑，能开拓思维边界，以独到的见解分析问题、发现问题的本质和潜在的机会点，突破已有的、传统的思维框架和模式，从不同于普通人的角度提出新颖的观点和新的解决方案。

2. 求异性

求异性是指在创新过程中表现出的寻求与众不同、与传统观点不同的能力和倾向。它是一种创新者不满足于现状和传统的思维模式，体现了创新者积极寻求非常规的、别具一格的观点和方法的特质。求异与求同相悖，在思维过程中，创新者不会受制于熟悉的方向、领域、观点、方法和习惯，敢于突破常规思维，天马行空，奇思妙想，表现为标新立异、异想天开、出奇制胜、另辟蹊径。

3. 联想性

联想性是指在创新过程中从不同的领域或概念中找到联系和关联的能力。它要求我们跳出狭隘的视野，运用想象力和创造力，将不同领域的知识和观点进行融合，从而产生新的思考和创意。其实质是一种由表及里、由此及彼、融会贯通、举一反三的思维的连贯性和发散性。当面临某种情境时，思维可立即向纵深方向发展；觉察某一现象后，思维又能想到它的反面。

4. 灵活性

灵活性是指创新过程中表现出的快速适应变化和应对多样情境的能力。它要求我们对新出现的事物持开放态度，灵活应对不同的挑战和变化，思维能突破"定向""习惯""规范""模式"的束缚，不拘泥于教师所教、书本所学，遇到问题能活学活用、灵活处理，快速适应新环境并做出相应的调整。

5. 综合性

综合性是指创新过程中将多种不同的观点、知识和技能综合运用的能力。它要求我们具备整合思考和综合分析的能力，在思维过程中，能将各种碎片化的信息和思考汇聚到一起，在诸多的信息中，处理好局部与整体、直接与间接、简单与复杂的关系，把抽象问题具体化，把复杂问题简单化，从中提炼出较系统的经验，形成更具综合性和完整性的观点和创意。这种能力可以帮助我们更好地解决复杂的问题和面对多元化时的挑战。

五、创新与创业

创新是一个人、一个民族、一个国家所需要的一种精神。回溯人类历史，创新从人类出现开始便已经存在，没有创新就没有人类的进步和发展。创新是人类特有的认识能力和实践能力，是人类主观能动性的表现，是推动社会发展和民族进步的不竭动力和源泉。现代科技的迅猛发展，尤其是信息社会和知识经济时代已经到来，当技术出现革新、新兴市场崛起、传统的规则发生变化或引入一种新的商业模式时，无论是个体还是企业，若不能进行创新，就难以适应新时代的需要，迎接时代的挑战。

当前，我国经济发展面临新的形势，我国正在着力扩大国内需求，加快建设现代化产业体系，如今的创新比任何时候都重要。时代发展呼唤创新，创新已经成为世界主要国家发展战略的重心。在激烈的国际竞争中，唯创新者进，唯创新者强，唯创新者胜。年轻人作为时代的生力军，只有投身于创新创业的洪流中，才能有一番大的作为。

党的二十大报告指出，"完善科技创新体系。坚持创新在我国现代化建设全局中的核心地位。""健全新型举国体制，强化国家战略科技力量。""提升国家创新体系整体效能""形成具有全球竞争力的开放创新生态""加快实施创新驱动发展战略""加快实现高水平科技自立自强。以国家战略需求为导向，集聚力量进行原创性引领性科技攻关，坚决打赢关键核心技术攻坚战。加快实施一批具有战略性全局性前瞻性的国家重大科技项目，增强自主创新能力。"

对此，我们需要完整准确地理解"创新创业教育"新理念。在"创新创业教育"新理念中，创新与创业是"孪生关系"，二者天然地联系在一起。创新和创业是相辅相成、无法割裂的，创新是创业的手段和基础，而创业是创新的载体。"创新"加上"创业"，实质是内在规定了创新的应用属性，它是指向创业的创新、重在应用的创新，能促进创新成果的市场化、商业化；"创业"前面加上"创新"，实质是全面统领了创业的方向性，它是创新型创业、机会型创业，是高增长的创业，它提高了创业的层次和水平。"创新创业教育"既包含"创新教育""创业教育"的科学内涵，又不与二者简单等同，是综合性、系统性的教育，其实质是以创新为基础的创业，它支持创新者去创业，使创新创业成为驱动经济社会发展的引擎。

大学生创业，更需要有创新意识、创新思维、创新技能、创新品质，这样才能在激烈的市场竞争环境下开辟创业之路。可以说创新是创业者实现创业的核心。

但是，仅仅具备创新精神是远远不够的，创新只是为创业成功提供了可能性和必要准备，如果脱离了创业实践，缺乏一定的创业能力，创新精神也就成了无源之水、无本之木。创新精神只有作用于创业实践活动才能体现其意义，才有可能最终产生创业的成功。

第二节　创业与创业精神

◎ 案例　　　　"00后"大学生读书创业营收1800万元

如果说创业是一种挑战和机遇，那么湖南大学金融与统计学院金融工程专业的大四学生王某就是一个典型的例子。这位来自长沙岳麓区的"00后"女孩从小就喜欢非遗文化，大一时和朋友成立公益组织，开发了十大系列的非遗美育课程，课程覆盖了24个省。他们以直播的方式给乡村的孩子上课，免费为170所中小学讲授非遗课数万小时。大三时，她创建了自己的第一家公司，主要从事非遗文化产品开发、设计、销售等业务，涉及的领域有婚庆礼品、办公用品等。大四时，她又创建了第二家公司，主要研发原创"国潮"产品。王某介绍，两家公司两年的营收已超过千万元。读书期间，她边创业边赚取了约1800万元的资金。

王某的最大愿望是"让中华传统文化站上世界之巅"。为了实现这个梦想，她不断努力，不断创新。她的公司不仅开发了许多具有中国传统文化特色的产品，还通过线上线下相结合的方式，让更多人了解和接触到非遗文化。

一、创业概述

关于创业，很多专家和学者从不同的角度给出了不同的定义。总体来说，创业有广义和狭义之分。

（一）创业的定义及特点

《辞海》（第六版）将"创业"解释为"创立基业"。从更广泛的意义上来说，创业就是创造事业。

"美国创业教育之父"杰弗里·A.帝蒙斯给创业下的定义为：创业是一种思考、推理和行动的方式，它为机会所驱动，需要在方法上全盘考虑并拥有和谐的领导能力。

《辞海》（第六版）所给出的解释属于广义的创业，是指生活在各个领域的人们为开创新的事业所从事的社会实践活动，其强调的是人们在社会实践中所体现的一种特定的精神、能力和行为方式。对于绝大多数人而言，他们几乎一辈子都不可能去创建一家企业。他们更多地是选择一份或多份职业而为其奋斗一生。创业于他们而言，就是像创业者一样思考和行动，利用和抓住机会，把机会变成现实，在自己的工作岗位上取得更大的突破，开辟出一片新的天地。这种创业就是"岗位创业"，是广义范围内的创业。

狭义的创业是指"不拘泥于当前资源条件的限制展开对机会的追寻，整合资源，利用机会并创造价值的过程"。这种类型的创业就是我们通常理解的创建企业。狭义的创业可理解为通过必要的时间和努力发现与把握商业机会，通过创建企业或通过对企业组织结构的创新，筹集并配置各种资源，将新颖的产品或服务推向市场，从而最终实现企业经济价值和社会价值的过程。

创业有以下几个特点。

（1）创业是创造具有"更多价值的"新事物的过程。创业是个人对自身资源和外部资源整合创造更大经济和社会价值的过程。创业的本质是创造，在这个过程中创业者倾注其观察力、动机、激情、承诺、执着、团队合作等，创造社会需要的新的产品和服务，创造价值。

（2）创业需要创业者贡献必要的时间、精力等，需要付出极大的努力。

（3）创业要承担必然存在的风险，如财务、精神、家庭等方面的风险。

（二）创业模式

创业模式与创业动机、创业者风险承受能力密切相关，并会影响创业策略的制定。根据创业者对市场的不同认识，创业主要有4种模式。

1. 复制型创业

这种模式的创业的特点是复制已有公司的经营模式，创新的成分很少。新创公司中属于复制型创业的比率虽然很高，但由于这种模式的创业的创新程度低，缺乏创业精神内涵，基本上只能称为"开办新公司"。

2. 模仿型创业

这种模式的创业虽然也无法为市场带来新价值的创造，创新的成分也很少，但与复制型创业的不同之处在于，其创业过程对于创业者而言具有很多的冒险成分。这种模式的创业具有较大的不确定性，学习过程长，犯错机会多，代价也较高。

3. 安定型创业

这种模式的创业虽然为市场创造了新的价值，但对创业者而言，本身并没有太大的改变，做的也是比较熟悉的工作。这种创业模式强调的是创业精神的实现，也就是创新活动，而不是新组织的创造，企业内部创业即属于这一类型。

4. 冒险型创业

这种模式的创业除了给创业者带来极大改变之外，还为其个人前途带来很大的不确定性；对新企业的产品创新活动而言，也将使其面临很高的失败风险。冒险型创业是一种难度很大的创业模式，有较高的失败率，但成功后带来的报酬也很惊人。这种模式的创业如果想要获得成功，就必须在创业者能力、创业时机、创业精神发挥、创业策略研究拟定、经营模式设计、创业过程管理等方面进行很好的组合。

二、创业精神概述

人在短暂而漫长的一生中可能会面临许多不同的生活处境。随着时间、地点的变换，你、你的家人、你所处地区乃至政府部门都会面临许多不同的问题，而这些问题的解决方式各不相同。在任何环境下，各方都需要寻求解决问题的方法。具有创业精神的人会随时准备积极应对来自新状况的挑战。他们会清晰地分析自己面临的处境，找出可能解决问题的所有方法，从中选出最佳方法并付诸实践。

（一）创业精神的内涵

创业精神（entrepreneurship）是指在创业者的主观世界中，那些具有开创性的思想、观念、个性、意志、作风和品质等。

创业精神有 3 个层面的内涵：哲学层面的创业思想和创业观念，是人们对于创业的理性认识；心理学层面的创业个性和创业意志，是人们创业的心理基础；行为学层面的创业作风和创业品质，是人们创业的行为模式。

哈佛商学院将"创业精神"定义为"追求超越现有资源控制机会的行为"。他们认为，创业精神代表一种突破资源限制，通过创新来创造机会的行为。创业精神隐含的是一种创新行为，而不是一个特别的经济现象或个人的特质表现。

1. 创业意识是创业精神的基础

创业首先要求创业者具有自立意识，即有依靠自己的努力和创造开辟自己的事业与生活的成功道路的意识。对于一个决心主动创业的人来说，决定性的驱动因素就是对事业成功的渴望和激情。对事业成功的渴望、激情一旦升华为创业理想，就构成人们的创业意识。创业意识是人们创业的内在动力，是创业精神的基础。

2. 创新是创业精神的灵魂

创业是一种创造性的活动，要求创业者敢于做前人没有做过的事，而这就是一种创新。

一个渴望事业成功的人，如果目标明确，那么其能否成功的关键在于，他是否善于发现机会、具有发掘机会的能力、勇于承担风险、善于创造和创新。

在精神领域，创新意味着要形成将创造、创新、标新立异、追求变化等视为正常及有益现象的精神，培养寻找变化、追求创造、适应不断变化的心态，并形成将变化、创造看作开创事业机会的精神，形成赋予资源以新的价值的一种创造性的行为能力，它是创业精神的核心。

3. 求真务实是创业精神的归宿

创业就是要创立一番事业，它是一种实实在在的实践活动，需要创业者扎扎实实地付出努力。讲求实效、注重结果、踏实干事等求真务实精神是创业精神的最终归宿。

创业精神如果脱离了对事物客观规律的认识，就只能成为空想，如果将这些空想付诸实践，结果只能是失败。在求真中创造，在务实中创新，才能创业成功。

4. 冒险是创业精神的天性

创业是敏锐发现机会，勇于抓住机会，整合资源，不断尝试，做他人所不敢和不能。任何创业都是有风险的，在创业期间，必然会因为资金、经验、人事等各种阻碍而令事业暂时停滞，只有敢闯敢干、不怕失败的人，才敢于承担风险，且不论最终的结果是成功还是失败，从不停止奋斗和拼搏，不避危险而勇往直前。冒险是做好足够的准备，不轻易妥协。创业者都是冒险者，冒险是创业精神的天性。

5. 执着是创业精神的本色

英特尔前总裁格罗夫有句名言："只有偏执狂才能生存。"这意味着只有坚持不懈，以夸父逐日般的执着咬定青山不放松，才可能稳操胜券。创业本就是一个艰辛的过程，如果不坚忍执着，怎么可能守得云开见月明。

6. 诚信是创业精神的基石

市场经济是法治经济，更是信用经济、诚信经济。没有诚信的商业社会将充满极大的道德风险，显著抬高交易成本，并可能造成社会资源的浪费。有远见的创业者必须重视包括诚信在内的商誉。

（二）大学生应该具备的创业精神品质

在如今社会环境和商业环境迅速变化的新时代，需要强调且非常重要的是，人人都需要具有创业精神。这并不是说人人都要去创业，而是说即便身为职员，你也需要以创业者的精神有所作为，思考技术革新与市场需求带来的新的机遇。

1. 坚定的创业信念

首先，要有创业成功的自信。相信有什么结果，就可能有什么作为，一个人如果不相信自己能创业成功，那么他是不可能去争取和追求的。

其次，要有创业的责任感。现代大学生应担当创业重任，上为国家做贡献，下为自己谋出路。

最后，要有在逆境中永不言败的创业精神。虽然身处逆境，却能拼力抗争，不断追求，这样才能造就壮丽的创业人生。

2. 积极的创业心态

积极的创业心态能发现潜能、激发潜能、拓展潜能和实现潜能，进而帮助创业者获得事业上的成就和巨大的财富。

积极的创业心态应包括：拥有巨大的创业热情，清除内心障碍，努力克服困难，创造条件变不可能为可能。

3. 顽强的创业意志

创业意志指个体能百折不挠地把创业行动坚持到底以达到目的的心理品质。创业意志包括创业目的明确、决断果敢、具有恒心和毅力。

4. 鲜明的创业个性

创业成功者一般都有鲜明独特的个性品质。创业的价值就在于创造出自己独特的东西，要敢于冒险，敢于走别人没有走过的路。敢于冒险是理智基础上的大胆决断，是自信前提下的果敢超越，是新目标面前的不断追求。

第三节　高校创新创业教育的发展历程

创业教育最先是在美国兴起的。1947年，美国哈佛大学商学院的知名教授迈尔斯·梅斯率先为学院MBA学生讲授一门名为"新创企业管理"的创业教育课程，这是美国创业教育乃至世界创业教育兴起最明确的标志。1967年，斯坦福大学和纽约大学共同开创了一系列关于财富创造的创业课程，形成了最早的 MBA 创业教育课程体系。1968 年，柏森商学院首次在本科的课程教育中开设创业课程。1979 年，美国已有 127 所高校开设了创业课程。美国目前已经形成了涵盖小学、中学、大学的较为完整的创业教育体系。

一、我国高校创业教育的起源

我国的创业教育起步比美国晚，发起于 1988 年，直接对接创造教育，是国内本土创造而不是从国外引进的。以胡晓峰为代表的一批学者深入阐释了创业教育的思想，并在这一思想的指导下开展了一定范围的创业教育实验。

关于我国高校创业教育的起点和具体标志性事件，主要有两种代表性观点：第一种观点认为起点是 1997 年，以清华大学创业计划大赛作为标志性事件；第二种观点认为起点是于 1998 年 5 月，清华大学的学生们首先发起并组织的创业计划大赛。我们赞同王占仁学者的观点：我国高校创业教育的起点是 1997 年，标志性事件是清华大学经济管理学院最早在国内 MBA 培养计划中设立专业方向，在 MBA 项目中开设了创新与创业方向。可见，在 1997 年，清华大学就以融入其他课程的方式，实际开设了创新与创业方向的课程。据此，我们将清华大学经济管理学院在 MBA 项目中开设创新与创业方向课程作为我国高校创业教育开始的标志。

二、我国高校创业教育的发展

我国高校创业教育以 1997 年为起点，到目前为止经历了 4 个发展阶段。

一是高校自发探索阶段（1997 年—2002 年 4 月）。1997 年开始，清华大学、复旦大学、华东师范大学、武汉大学、北京航空航天大学等高校对创新创业教育做了有益的探索。2002 年，我国高等教育毛入学率首次达到 15%，进入了大众化阶段。当年 4 月，教育部高等教育司明确指出，高校一方面要不断提高人才培养的质量和社会适应性，同时要加强对学生的创新意识、创新精神和创业能力的培养。

二是教育行政部门引导下的多元探索阶段（2002 年 4 月—2010 年 4 月）。2002 年 4 月，教育部在 9 所大学开展创新创业教育试点工作，在试点过程中逐步形成了 3 种教育模式，即以中国人民大学为代表的以课堂教学为主导的创新创业教育模式；以北京航空航天大学为代表的以提升学生创业意识、创业技能为重点的创新创业教育模式；以上海交通大学为代表的以创新教育为基础，为学生创业提供实习基地、政策支持和指导服务等综合式的创新创业教育模式。

三是教育行政部门指导下的全面推进阶段（2010 年 4 月—2015 年 5 月）。2010 年 5 月，教育部印发《关于大力推进高等学校创新创业教育和大学生自主创业工作的意见》，成立了高校创业教育指导委员会，这是在教育部领导下，对高校创新创业教育工作进行研究、咨询、指导和服务的专家组。教育部建立了高教司、科技司、学生司、就业指导中心 4 个司局的联动机制，形成了创新创业教育、创业基地建设、创业政策支持、创业服务四位一体整体推进的格局。2012年8月，教育部印发《普通本科学校创业教育教学基本要求（试行）》，对创业教育的教学目标、教学原则、教学内容、教学方法和教学组织进行了整体规划和顶层设计，推动了高校创业教育的科学化、制度化、规范化建设。

四是国家统一领导下的深入推进阶段（2015年5月至今）。近10年来，两个政策导向极大地促进了创业教育的发展。一个是"以创带就"，始于2007年。党的十七大报告明确提出了"实施扩大就业的发展战略，促进以创业带动就业"的战略方针，强调"要完善支持自主创业、自谋职业政策，加强就业观念教育，使更多劳动者成为创业者"。在"以创带就"政策导向下，高校创业教育将自主创业作为灵活就业的两种方式（另一种为自由职业）之一，千方百计解决大学生就业问题。另一个是始于2015年的"大众创业、万众创新"浪潮兴起。国务院政府工作报告明确指出，"推进大众创业、万众创新，是发展的动力之源，也是富民之道、公平之计。"同年，国务院办公厅印发《关于深化高等学校创新创业教育改革的实施意见》，这标志着中国高校创新创业教育进入深入推进的新阶段。这一阶段，高校创新创业教育由"以创带就"拓展为以"大众创业、万众创新"驱动经济社会发展，创新创业教育的实质拓展为以创新为基础的创业支持，创新者去创业，使创新创业成为驱动经济社会发展的引擎。

第四节　创新创业与大学生人生发展

多数人，特别是大学生，对自己未来的发展都有一个美好的希冀。多数人都不甘于平凡，都想去干一番自己的事业，期望自己未来能有所建树、有所作为。创新创业是一个伟大的历程，可以为个人实现梦想提供精彩的大舞台。创业起步可高可低，创业的发展空间无限。创新创业能帮助人们把握人生航向，有效实现人生价值。

一、创新创业是自主就业的更好形式

在人头攒动的人才市场，常常能看到大学毕业生为了找一份工作而跑得疲惫不堪的身影，却鲜有听说大学毕业生勇于为自己创造一份工作甚至一份事业的举动。

无论是就业还是创业，都是大学生对自己职业生涯慎重考虑之后做出的选择。创业是就业的一种特殊形式。与一般的就业相比，创业就是自谋出路。大学生自己创业一般都是为了实现梦想。就业者不需要承担太大的风险，而创业者则不同，创业的过程和结果对创业者来说是充满艰辛和风险的。市场竞争越激烈，风险也就越大。创业风险很大，但也充满诱惑。创业比就业更加困难，需要考虑团队、市场、融资等多方面复杂的因素。但如果大学生在毕业前，确实有很好的创意、市场和资金支持，选择创业是值得肯定和鼓励的。

随着市场经济的深化，我国的就业模式必然由固定就业向灵活就业转变，短期就业、季节性就业、非全日制就业、自营就业、派遣就业、远程就业等将日益成为吸纳劳动力的巨大

海绵。大学毕业生理应正视这一现实，在学习期间不仅要为就业打基础，更要为创业做准备。

二、创新创业可以充分发挥大学生的知识和能力优势

在大学生就业日趋困难的今天，用人单位却抱怨找不到合适的人才，这是为什么呢？原因在于大学生缺乏职业意识和职业能力。一方面是企业要招有工作经验和职业能力的大学毕业生，而另一方面是大学生无处积累工作经验和培养职业能力。创业则能让大学生深入实践，亲身感受如果自己作为用人单位会对人才有什么样的要求，转而更深层次地领悟并培养自己的职业素质和就业能力。

三、创新创业是大学生报效国家的有效途径

创业是更高层次的就业。创业者进入市场创建实业，在生活态度和生活方式方面也会发生巨大转折。

面对就业规模不断扩大的趋势，通过创业来解决大学生就业难问题是一种可行且有效的办法，因为一个学生创业可以吸引若干个学生参与。如果社会上形成大学生创业的气候，势必会创造更多的就业岗位，这将大大缓解社会就业的压力。

☞ 随堂讨论问题

1. 什么是创新思维？请列举几个生活中的例子。
2. 有哪些打破思维定式的方法？
3. 你怎么看待大学生创业？

☞ 作业

1. 大学生如何培养创新精神？
2. 如何正确理解创业精神？

02 第二章
创业者与创业团队

创业是一项巨大而复杂的工程，在这个工程中，创业者作为最关键、最具能动性的因素，其能力和素质直接关系到创业活动的成败。自主创业是一项非常具有挑战性的社会活动，是对创业者的智慧能力、气魄胆识的一种全方位考验，它对创业者的个人知识、素质和能力有特定要求。

第一节 创业者的准备

一、创业者的知识准备

创业，尤其是以创新为基础的创业，对创业者的知识储备要求很高，创业者需要具备市场营销、财务、法律、消费心理等方面的知识。下面主要介绍市场营销方面的知识。

创业想要成功离不开市场营销，创业和市场营销密不可分。对于创业者来讲，没有顾客，就没有利润，就没有企业的创立和成长。

1. 市场营销的概念

市场营销的概念有广义和狭义之分。广义的市场营销是从卖方的立场出发，以买方为服务对象，在不断变化的市场环境中，以买方的需求为中心，通过交易程序，提供和引导商品到达买方手中，满足买方的需求与利益，从而获取利润的企业综合活动；狭义的市场营销是指引导商品或服务从生产者到达消费者所实施的企业活动。

2. 市场营销观念

市场营销观念是指企业领导人在组织和谋划企业的营销管理实践活动时所依据的指导思想和行为准则。

指导组织进行市场营销活动的营销观念不断发展，一些观点认为市场营销观念大体经历了生产观念、产品观念、推销观念、市场营销观念、生态学市场观念和社会市场观念6个阶段。前3个观念都是站在企业的角度考虑问题，主要关注企业的生产能力和需求，而后3个观念已经逐渐转为站在消费者的立场考虑应如何满足消费者的需求。

3. 通用市场营销理论

在市场营销领域内，关于营销组合的理论多种多样，其中最经典的是4P理论。在4P理论获得广泛应用后，也有学者从不同的角度将营销组合演变出了4C理论、4R理论、3C理论。

（1）以满足市场需求为目标的4P理论。

4P理论是美国营销学学者麦卡锡教授在20世纪60年代提出的营销组合策略，4P即产品（product）、价格（price）、渠道（place）和促销（promotion）。麦卡锡认为，一次成功和完整的市场营销活动，意味着以适当的产品、适当的价格、适当的渠道和适当的促销手段，将适当的产品投放到特定市场的行为。

（2）以追求客户满意为目标的4C理论。

4C理论是由美国营销专家劳特朋教授在1990年提出的，它以消费者需求为导向，重新设定了市场营销组合的4个基本要素，即消费者（consumer）、成本（cost）、便利（convenience）和沟通（communication）。它强调企业首先应该把追求消费者满意放在第一位，其次是努力降低顾客的购买成本，再次要充分注意到消费者购买过程中的便利性，而不是从企业的角度来决定销售渠道策略，最后还应以消费者为中心实施有效的营销沟通。与产品导向的4P理论相比，4C理论有了很大的进步和发展，它重视消费者导向，以追求消费者满意为目标，这实际上是消费者在营销活动中渐趋主动地位的市场对企业的必然要求。

这一营销理念也深刻地反映在企业营销活动中。在4C理念的指导下，越来越多的企业更加关注市场和消费者，与消费者建立起一种更为密切和动态的关系。1999年5月，微软公司在其首席执行官巴尔默德的主持下，也开始了一次全面的战略调整，使微软公司不再只跟着公司技术专家的指挥棒转，而是更加关注市场和客户的需求。我国的联想集团等企业通过营销变革，实施以4C策略为理论基础的整合营销方式，成了4C理论实践的先行者和受益者。

（3）以建立顾客忠诚度为目标的4R理论。

4R理论以关系营销为核心，重在建立顾客忠诚度。它阐述了4个全新的营销组合要素，即关联（relativity）、反应（reaction）、关系（relation）和回报（retribution）。4R理论强调首先企业与顾客在市场变化的动态中应建立长久互动的关系，以防止顾客流失，赢得长期而稳定的市场；其次，面对迅速变化的顾客需求，企业应学会倾听顾客的意见，及时寻找、发现和挖掘顾客的期望与不满及其可能发生的演变，同时建立快速反应机制以对市场变化快速做出反应；企业与顾客之间应建立长期而稳定的朋友关系，从实现销售转变为履行对顾客的责任与承诺，以促成顾客再次购买和维护顾客忠诚度；企业应追求市场回报，并将市场回报作为企业进一步发展和与市场建立关系的动力与源泉。

4R理论的最大特点是以竞争为导向，在新的层次上概括了营销的新框架。该理论根据市场不断成熟和竞争日趋激烈的形势，着眼于企业与顾客互动与双赢，不仅积极地适应顾客的需求，而且主动地创造需求，通过关联、反应、关系等形式与顾客形成独特的关系，把企业与顾客联系在一起，形成竞争优势。

有些企业通过频繁的营销计划来与顾客建立长期关系，如汇丰银行、花旗银行通过其信用证设备与航空公司开发了"里程项目"计划，在顾客累计的飞行里程达到一定标准之后，共同奖励那些经常乘坐飞机的顾客。有些企业设立高度的顾客满意目标，如果顾客对企业的产品不满意，企业承诺给予顾客合理的补偿，以此来维护与顾客的关系。

（4）关注市场竞争的 3C 理论。

3C 理论源自对市场竞争整体环境的关注，是从市场整体角度制定企业战略与策略的基础理论。

3C 的内容包括：消费者（customers），重点关注的是消费者的需求及其他的细分市场划分标准；公司（company），集中于公司内部的目标与资源；竞争者（competitor），分析市场主要竞争者当前与将来可能采取的策略与战略。

整体而言，3C 的 3 个元素是形成市场的 3 个主要群体。企业可通过结合消费者需求与企业的目标和资源，进行市场细分并选择产品进入的细分市场领域；同时结合企业与竞争者的 SWOT 分析（态势分析），针对不同的细分市场，可形成产品多样化的策略及各个产品不同的市场定位。

3C 理论与前面各项理论的不同之处在于，它站在战略的高度，引导企业管理者关注与市场相关的各个领域。实际上，整体营销策略需要关注的不仅仅是消费者、公司和竞争者 3 个群体，还需要关注与市场相关的种种社会背景因素，如技术演进、政治与法律的限制、社会与文化的影响，以及市场整体经济发展能力等。

除了掌握市场营销知识外，创业者还需要具备一定的财务知识、法律知识和消费心理学知识等。

二、创业者的心理准备

创业路上布满荆棘，充满艰难险阻，创业者遇到困难和挫折在所难免，无论成功还是失败，都要勇敢面对。作为一名创业者，每天的情绪可能会大起大落，成功的欣喜与失败的辛酸都会一一品尝，因此要有充分的心理准备。

（一）强烈的创业欲望

纵观国内创业者，基本可以分成以下 3 种类型，不同类型的创业者的创业欲望不同。

1. 生存型创业者

生存型创业者指为了生计，没有其他选择而无奈进行创业的创业者。其创业的目的大多是为了养家糊口，补贴家用。生存型创业者从事的多是低成本、低门槛、低风险、低利润的创业，技术壁垒低、不需要很高技能。其创业项目主要集中在餐饮、副食、百货等微利行业。在我国所有创业活动中，生存型创业一度占主导地位。生存型创业属于自我雇佣，能够解决创业者的就业问题，在解决自身生存问题的同时提升经济活力，并间接地解决了很多社会问题。

2. 下海型创业者

下海型创业者指改革开放时期，随着市场经济的繁荣，许多人不满于现状，放弃有保障的就业体系而从事风险较大的商业行为的人员。下海的许多人员原本是有正式工作的行政单位或事业单位或者国有企业的有正式编制的人。这些人文化水平普遍较高，综合素质、认知能力、接受新事物的能力也较强，这就为他们"下海经商"打下了良好的基础。他们中很多人在时代变革的潮流中成为"弄潮儿"。

3. 激情型创业者

激情型创业者总体呈现出两种类型，一种是盲动型，一种是冷静型。盲动型创业者大多靠激情创业，这种激情表现为盲目自信，做事冲动，喜欢感情用事，但不太注意成功率，他们很容易失败，而一旦成功，往往能成就一番大事业。冷静型创业者是创业者中的佼佼者，其特点是谋定而后动，不打无准备之仗，一旦行动，成功率通常很高。

不管哪一类型的创业者，都是强烈的欲望驱使着他们去创业。

创业的成功取决于什么？取决于创业者的内在素质，而内在素质首先取决于个人的"强烈欲望"。这里说的"欲望"实际就是一种生活目标、一种人生理想，是做一切事业的前提！

研究发现，成功创业者的欲望都是非常强烈的。创业者的欲望与普通人欲望的不同之处在于，他们的欲望往往不是出于物质，而是他们因不满现状而自发改变的本能。因此，创业者的欲望，往往伴随着行动上强大的执行力和意志上钢铁般的意志力。因为想改变更多，而凭自己现在的身份、地位、财富无法做到，所以要去创业，要靠创业改变身份，提高地位，积累财富，从而改变世界，这构成了许多创业者的人生"三部曲"。

因为有欲望，所以不甘心、所以行动、所以创业、所以成功，这是多数创业者走过的共同道路。美团网的王兴如出一辙。王兴是永不满足的类型，王兴2004做的第一个项目叫"多多友"，在"多多友"之后又做了第二个项目叫"游子图"，"游子图"是针对海外朋友的专业服务网站。2005年秋，王兴决定要专注于一块细分市场：大学校园SNS，结合国情，他开发出了校内网；2007年王兴创办饭否网；2010年他创办团购网站美团。从一个项目到另一个项目，从一个网站到另一个网站，他总是觉得自己能做更大的事，应该拥有更大的舞台。他就在这样的不满足中，将美团做成了中国领先的生活服务电子商务平台，将自己的事业一步步向前推进，同时也使自己成为一个亿万富翁，2021年王兴在"胡润中国百富"榜中位列第19位。

欲望是创业的最大推动力。一个真正的创业者一定是有着强烈欲望的人。他们想拥有财富，想出人头地，想获得社会地位，想得到别人的尊重。欲望是内心的渴求和对未来的憧憬，欲望是催人奋发前行的催化剂，没有欲望就会缺乏竞争精神和挑战精神，欲望激人拼搏，使人奋起去创造辉煌的人生。

（二）敢于冒险

创业需要胆量，需要冒险。这里所说的冒险，是指在不违背法律法规与公序良俗的前提下，勇于突破常规，敢于创新。

创业是一种精神，是一种永不服输的精神。创业的道路充满艰难险阻，因此克服一切不易克服的困难，不达目的誓不罢休，是创业成功的保证。从无到有、从小到大、从弱到强，创业总是艰难而充满风险的，但是有雄心、有抱负的创业者从来不会被艰难和风险吓倒，更不会放弃开创事业。

一个人敢于冒风险往往缘于他丰富的知识、超常的想象力及其创造性思维的厚积薄发。创业过程中的很多决策具有难度大、风险高的特点。所以，创业者必须培养想象力、乐观和自信的心态，在对立思想的交锋和不同观点的碰撞中培养决策能力和风险意识。

（三）积极乐观

创业的过程是艰辛的，遇到挫折和失败在所难免。许多人经不起困难的折磨、失败的打击，常常心灰意冷，陷入悲观而无法自拔，并且会因恐惧、怀疑、失望而丧失自己的意志，致使自己多年来的努力毁于一旦。所以，只有身处逆境而乐观的人，才最具有获得成功的潜质。

人们的事业有时会因为遭受暂时的挫折而失败，但实际上只要他们继续努力，是可以转败为胜的。一个乐观的创业者要比一个悲观的创业者具有更大的力量。虽然他们的原动力是相等的，但乐观却是一个永久的加油站，它能驱除一切冲突、焦虑和忧郁。因此，只有乐观的人才能拥有更多成功的机会。

乐观的心境不但有助于自己的事业，而且可以使自己健康快乐。当人心境乐观平和的时候，各种器官就会按部就班正常工作，整个人匀称又健康。不可否认，成功与机遇总是伴随那些乐观积极的人，而失败总是伴随那些悲观消极的人。生命中有痛苦、有快乐，如果你紧紧抓住痛苦不放，快乐就不会到来。放弃痛苦，抓住快乐，让生命重放光彩吧！而这一切，需要你给自己找一个远离痛苦的理由，这个理由可以是无意中听到的一句话，也可以是发生在周围的一件小事，还可以是你对生命的顿悟。

三、创业者的能力准备

无论是刚从学校毕业进入就业市场的大学生，还是工作多年的上班族，其中的很多人都希望拥有一份属于自己的事业。当老板可不是一件容易的事。你是否适合创业？你有多少创业的潜力？以下测评可为你了解自己的创业能力提供参考。

📝 **活动**

创业能力测评

（1）你是否曾经为了某个理想而制订 2 年以上的长期计划，并且按计划进行直到完成？

（2）在学校和家庭生活中，你是否能在没有父母及师长的督促下主动地完成被分派的工作？

（3）你是否喜欢独自完成自己的工作，并且做得很好？

（4）当你与朋友们在一起时，你的朋友是否经常寻求你的指导和建议？你是否曾被推举为领导者？

（5）求学时期，你有没有兼职的经历？

（6）你是否能够专注于个人兴趣连续 10 小时以上？

（7）你是否习惯于保存重要资料并且将其井井有条地整理，以备需要时随时提取查阅？

（8）在生活中，你是否热衷于社会服务工作？你关心别人的需要吗？

（9）你是否喜欢音乐、艺术、体育，以及各种活动课程？

（10）在求学期间，你是否曾经带领同学完成一项由你组织的大型活动，如运动会、歌唱比赛等。

（11）你喜欢竞争吗？

（12）在为别人工作，发现其管理方式不当时，你是否会想出适当的管理方式并提出建议？

（13）在需要别人帮助时，你是否能充满自信地提出要求并且说服别人来帮助你？

（14）你在募款或义卖时，是否充满自信而不害羞？

（15）在完成一项重要的工作时，你是否给自己预留足够的时间仔细完成，而绝不会在匆忙中草率完成？

（16）参加重要聚会时，你是否准时赴约？

（17）你是否有能力安排一个合适的环境，使你在工作时不受干扰、有效地专心工作？

（18）在你交往的朋友中，是否有许多有成就、有智慧、有眼光、有远见、老成稳重的人物？

（19）你在工作或学习团体中，被认为是受欢迎的人物吗？

（20）你自认为自己是个理财能手吗？

（21）你是否可以为了工作而牺牲个人娱乐时间？

（22）你是否总是独自挑起担子，彻底了解工作目标并认真地完成工作？

（23）你在工作时，是否足够有耐心与耐力？

（24）你是否能在很短的时间内结交许多新朋友？

评分标准

答"是"得 1 分，答"否"不计分。请统计自己所得的分数，并参考下列结论。

0～5 分：你目前并不适合自己创业，应当通过为别人工作而提升技术与专业能力。

6～10 分：你需要在旁人的指导下创业，这样才有创业成功的机会。

11～15 分：你适合自己创业，但是对于所有答案为"否"的问题，你必须深入分析原因并加以纠正。

16～20 分：你个性中的特质足以使你从小事业慢慢做起，并从妥善处理事务中积累经验，成为成功的创业者。

21～24 分：你有潜能，认为只要懂得把握时机，未来将会成功。

以上结论仅供参考，如有疑问，请咨询专业人士。

（一）基础能力

健康的人格特质是创业活动产生的源泉和动力，而拥有创业的基础能力则是创业者创业成功的保证。

1. 学习能力

学习能力即获取知识和信息的能力，包括对知识的接受、转化与应用，对信息的获取、筛选与利用。新的技术革命使社会产业结构发生巨大变化，社会产业向着技术型、知识密集型和智能型转化，这必然要求人们加快对新兴知识的学习，而信息时代的到来更促使"学会学习"的呼声成为时代的强音。信息量骤增，信息传递和变换途径不断优化，信息技术日新月异，开创了信息多渠道、全方位、全球网络流通的新局面。为此，创业者必须将自己改造成"信息人"，学会获取信息、利用信息、交流信息和开发信息。

2. 决策能力

决策能力指的是能够认识、理解并且综合分析后得出判断，从而采取行动的能力。决策能力是一种领导能力，是在重大问题面前，能够保持冷静，思维缜密地考虑问题，做出果断而准确的判断。创业是一项综合性的活动，在创业过程中需要创业者面对新的形势和情况，根据既定目标认识现状，预测未来，决定最优行动方案。它是人的素质、知识结构、对困难的承受力、思维方式、判断能力和创新精神等在决策方面的综合表现。决策能力包括正确的评估能力、精确的预测能力、准确的决断能力 3 个方面。

3. 协调能力

协调能力是指决策过程中的协调指挥才能。协调是指为了更好地实现组织目标而采取不同的方法和手段协同各方面的力量和步调，以达到相互配合、形成最大合力和支持力的具体过程。管理者良好的协调能力可以使组织的路线、方针、政策得以有效地落实，可以充分调动群众的积极性，可以创造一个稳定和谐的企业环境，可以使部门之间密切协作、减少内耗、提高效率，可以有效地利用人力、物力、财力和信息资源，从而取得良好的经营管理效果。

4. 社交能力

社交能力是指一个人在人际交往中表现自己的能力，包括表达、沟通、情绪控制、人际理解和关系建立等方面。

一个人不可能脱离某个社会群体从事经营活动。良好的社会关系和业务网络决定着事业的成败和成就的大小。任何人都不能"单枪匹马打天下"。自主创业者必须有一定的社会关系，拥有较强的社交能力，这样创业才有成功的可能。娴熟的社交能力主要可以从以下两个方面来培养。

（1）树立良好的社交形象。

仪表要大方美观，举止要文雅得体，为人要亲切和蔼，言谈要稳健幽默；要有吸引人的社交魅力；要学会体察各种人的心理；要掌握多种社交技巧，如社交语言的运用技巧、待人接物的技巧等；掌握各个民族、各个国家的社交礼仪和风俗习惯。

（2）要有良好的口头表达能力。

要善于与人交谈，能熟练地运用语言吸引听众，营造良好和谐的气氛；要善于辩论，在一些问题的辩论中能运用逻辑性思维和准确有力的语言驳倒对方的错误观点，同时做到有理、有礼、有节；要有演讲能力，善于运用演讲技巧让自己的观点深深地感染听众。

5. 应变能力

应变能力指的是面对突如其来的变化和压力，能迅速做出反应，并寻求合适的方法，使问题得以妥善解决的能力。对于一个创业者来讲，应变能力是十分重要的，因为作为创业者可能会遇到很多突发问题，如果没有很好的应变能力是很容易吃亏的。

一个人能否很好地生存与其说是取决于是否聪明，不如说是取决于应变能力如何。在创业的过程中，创业者会面临许多复杂多变的市场环境，必须不断适应难以预料的外界变化，随时自我调整。

6. 预见能力

预见能力是指根据事物的发展特点、方向、趋势进行预测、推理的思维能力。三国时期著名的赤壁大战中，诸葛亮之所以能联合孙权在赤壁大战中以少胜多、大败曹操，是因为他对未来的形势做了准确的估测。自古以来，用兵打仗者要具有一定的预见能力，这样才能巧妙地战胜敌人，经商创业也是如此。创业者如果没有一点预见能力，只知潮流，不先人一步下手，那么就会落伍，被淘汰出局。

作为一个创业者，仅仅关注现有的一切是不够的，创业者也应该是一名预见者，要拥有长远的眼光，放眼未来，从长期的角度考虑企业的发展及市场机会。

（二）创新能力

任何创业都是一种探索、一种冒险，没有捷径可走，也没有预先画好的地图可以参考，一切都要因时、因地、因人、因事而异。离开创新和创造，创业就是一句空话。

创新能力按主体分，最常提及的有国家创新能力、区域创新能力、企业创新能力等，并且存在多个衡量创新能力的创新指数的排名。

创新能力是指人们在创造活动中表现出的一种新颖、独特的解决问题的能力，是人们根据一定的目的、任务开展积极的思维活动并产出有一定社会价值的新观念、新产品、新工艺的能力。它体现在塑造创业心理品质、创造创业机会、开展创业行动、把握创业过程、实施创业计划、获取创业成功等方面。

创新能力并不是与生俱来的，需要通过后天的一些行为习惯来养成。对于学生而言，可以在学习、生活中有意识去培养自己的创新能力。培养创新能力需要做到以下几点。

1. 坚持"三不原则"

"三不原则"即不迷信权威、不盲目从众、不怕犯错的原则。很多人都习惯相信经验，相信书本上所讲的，更相信一些权威人物所说的话，人云亦云，没有自己对问题的分析和思考。要想培养创新能力，就需要解放思想，实事求是，做到不迷信权威，不固守经验，不拘泥于条条框框。要想培养创新能力，就需要多思考、敢质疑、多判断，对事情有自己的想法和看法。要想增强创新能力，就需要敢于接受挑战，敢于突破，敢担责任，不怕失败，要知道失败是实践，是经历。

2. 保持强烈的好奇心

如果没有好奇心和纯粹的求知欲为动力，就不可能产生那些对人类和社会具有巨大价值的发明创造。没有好奇心，我们很难注意到身边的变化；没有好奇心，我们对身边日新月异的变化就会见怪不怪，视若无睹，对很多事情就不会产生疑问。永远保持好奇心的人是永远进步的人。不管是在日常生活中，还是在学习、工作中，保持好奇，对创新能力的培养有利无害。

3. 坚持读书学习

多看书，多看好书，尤其是可以启发人思维的书籍。读书让人掌握知识，读书让人思考，保持大脑活跃。只有坚持读书学习，才会有创新、创造。既要在书本中学习，还要在职场中、生活中向身边的人学习，特别是要向比你优秀的人学习，这也是一种培养创新能力的途径。

4. 积极参加社会实践

社会实践是大学生接触社会、了解社会，增强理论知识转化和拓展，培养创新能力的重要渠道。大学生在社会实践中不断动手、动脑、动嘴，可在锻炼实际工作能力的同时有效发现自身存在的不足，从而不断发现问题，学会分析问题，综合运用所学知识，尝试以多种途径解决问题，积极拓展新知识和新理论，提升创新能力。

除了以上提到的能力，创业者还需要具备销售能力、管理能力、信息获取和分析能力等多项能力，在此不再赘述。

第二节　创业团队组建

在强调团队合作的今天，团队精神已成为不可或缺的创业因素。在风险投资商看来，再出色的创业计划也具有可复制性，而创业团队的整体实力是无法复制的，因此他们在投资时，往往更看重有合作能力的创业团队，而绝非那些徒有想法的单干者。

一、合作伙伴的选择

创业时究竟是自己单干，还是找伙伴合作？单干有单干的好处，但弊端也不少。我们从很多创业例子中可以看到，大事往往不是一个人干出来的，而是需要一个团队来合作完成，这个团队通常是互补性好的团队，很有执行力的团队。

有学者认为，创业团队须具备 5 个关键因素，这些要素对应的英语单词首字母均为 p，因此被称为创业团队的 5P 模型。

1. 目标（purpose）

创业团队应该寻找一个既定的共同目标来为团队成员导航，让团队成员知道应往何处去。目标在创业企业的管理中以企业远景、企业战略的形式体现，缺乏共同目标的团队首先就缺乏凝聚力和持续发展力。

2. 人（people）

创业团队的首要构成要素是人。在新创企业中，人力资源是所有创业资源中最活跃、最重要的资源。创业的共同目标是通过人来实现的，不同的人通过分工来共同完成创业团队的目标，所以人的选择是创业团队建设中非常重要的一个部分，创业者应该充分考虑团队成员的能力、性格等方面。

3. 定位（place）

定位指的是创业团队中的具体成员在创业活动中扮演什么角色，也就是创业团队的角色分工问题。定位问题关系到每一个团队成员是否对自身的优劣势有清醒的认识。创业活动的成功推进，不仅需要整个团队寻找合适的商机，同时需要整个团队各司其职，并且形成一种良好的合力。

4. 权力（power）

为了实现创业团队成员的良好合作，赋予每个成员一定的权力是必要的。赋予团队成员适当权力，这是因为团队成员对于控制力的追求往往是他们参与创业的一个重要动因，创业活动的复杂性决定了团队成员必须依赖一定的权力来实现目标。

5. 计划（plan）

计划是创业团队未来的发展规划，也是创业团队的目标和定位的具体体现。基于计划，创业团队能够有效制定短期目标和长期目标，能够提出目标的有效实施方案，以及实施过程的控制和调整措施。这里所讨论的计划可能尚未达到商业计划书那种复杂程度，但是，从团队组建和发展过程来看，计划的指导作用自始至终都是存在的。

一个高效的创业团队，创业成员必须能够求同存异，各个成员按照"适材适所"的原则定好位，有效授权，做到"人尽其才、才尽其用"，只有这样才能实现创业的共同目标。

二、合作伙伴的基本条件

创业合作伙伴的选择对企业发展的前途至关重要，因此要慎重选择合作伙伴。

（一）找品质不错的人

这是共同创业的人相互信任的基础。刚开始创业，创业者没那么多经验和精力去规范和约束团队成员，更多的是靠激情和自发性。如果团队成员彼此之间缺乏信任，创业的路就会异常艰难。

（二）找互补性很强的人

人有所长，必有所短。在选择合作伙伴的时候，要了解对方的长处，也要学会包容其短处。所谓取长补短，是取别人的长补自己的短，这才是团队的真正价值所在。

（三）找善于沟通的人

企业是个利益共同体，每个人都有责任主动地去沟通。在创业过程中，团队成员之间需要频繁地进行沟通和交流，以协调工作、解决问题和共享信息，需要和其他人建立良好的关系网络。善于沟通的人能够清晰地表达自己的想法和观点，理解他人的意见，并能够有效地传达信息，从而促进团队的协作和合作；善于沟通的人能更容易地与潜在投资者、合作伙伴、客户和供应商等建立联系，并在交流中展示自己的价值和信任。通过积极有效的沟通，创业者可以获得更多的资源和支持；通过积极有效沟通，能够有效推广产品和服务，并能更好地吸引人才。

（四）能共同承担责任的人

创业是一个不断试错、不断学习改进的过程。不仅自己会犯错，团队里的任何人都可能犯错。在创业过程中，创业者需要在多个方面承担责任，包括制定愿景和目标、领导决策、资源管理、风险管理、团队建设、市场开发与销售、创新与适应，以及管理与监督等。创业之初，创业者就要做好承担相应责任的准备，准备为自己和团队成员的过错买单。不管是赚钱还是赔钱，团队成员都要共同进退。

三、选择合作伙伴的 5 步法则

在合作伙伴的选择上，专家提出的 5 步法则可供参考。

（一）从我做起，认清自己

第一步，作为创业的发起人，你必须对你正在或将要从事的事业有足够清醒的认识。比如，你为什么要创业，你要通过创业实现何种抱负，你创业的资源和能力在哪里，你的风格与个性如何，你的长处是什么（销售、营销、管理等方面），你的劣势是什么等诸多问题，创业前你务必考虑周全。

（二）寻求匹配，择准伙伴

第一步的作用在于帮助你认清拥有的资源、能力、优劣势，以及即将从事的事业，同时为你选择合作伙伴提供了依据。你可以选择有利于实现事业目标的合作伙伴，比如寻找那些恰好与你互补的人。

（三）有的放矢，物色伙伴

这一步是关键的一步，因为它具体到了合作伙伴的寻找和选择。假如，你选择了智力型合作伙伴，那么，你除了要求未来的合作伙伴具备你需要的专门知识外，你还需要弄清楚他应具备的其他条件。比如，他应具备什么知识结构、什么学历，性格内向还是外向等，你都需要做到心中有数。

（四）沟通交流，共绘蓝图

第三步结束，只能算你找到了准合伙人。接下来初创者就要想办法说服对方加入自己的团队。一是要通过沟通交流，尽可能地了解候选人，了解对方对工作、生活、为人处世的态度和价值观，确保找到的是合适的伙伴。二是要坦诚面对准合伙人，诚恳地向他们展现自己的创业初心，包括自己对公司的构想和未来规划，以此让对方理解你创业的愿望、与你在相关问题上达成共识，以便确保大家拥有共同的目标和对公司有共同的愿景，直到对方主动表示愿与你共创大业。三是要通过沟通交流，提前约定好"基础性原则"，包括每个合伙人需要承担的责任、拥有的权利、后期会获得的利益，以及退出机制等。这样合伙人与初创者才能一起共同承担公司的风险，一起应对在公司发展上遇到的方方面面的难题，愿意把自己所积累最大化用在公司上。

（五）落实谈判，明晰股权

最后，你还需要就合伙条款与你的合伙人进行谈判，其中，核心的条款是股权配置或投资比例问题。在股权谈判和分配过程中，公正和公平原则应该是核心原则。应确保每个合伙人都有机会发表自己的观点，并根据其价值和贡献，以公正和公平的方式分配股权制定股权协议。一旦股权分配达成一致，确保将其明确记录在股权协议中，并确保股权分配符合适用的法律和规定。

四、投资方式的选择

在创业初期，创业者经常会感到势单力薄，在资金、管理、技术方面都存在不足，因此合伙创业就成了一个必要的选择。采用这种方式，不但可以汇集各方资源，加速资本积累，缩短学习曲线，还可以使创业活动在一个较高的起点上运作，这是单独创业所不具备的好处。

在采取合伙方式之前，创业者必须清楚，应当在什么前提下合伙，以什么方式合伙。下面有 6 种方式可供选择。

（一）均等投资，均等管理，均等收益

合伙人按一定数额均等投资，享受相当的管理权与收益权。这是最简单、最基本的方式。大学生创业、亲密关系合伙人创业常会采用这种合伙方式。但需要注意的是，合作伙伴的股权应该按照价值来划分，而不是靠情谊。

（二）均等投资，不均等管理，均等收益

合伙人按一定数额均等投资，拥有相同的股权，享受相当的收益权，但合伙人参与管理的深入程度不同。这种合伙方式由于合伙人投入的时间和精力、负责工作的重要性等不同，容易产生分歧和矛盾。

（三）差异投资，差异管理，差异收益

合伙人占有不同数额的股权，享受对应收益权，参与管理的程度不同。合伙人在创业过程中投入的资金数额不同，由于其各自的优势、特长和资源不同，参与管理的范围和程度也不同，因此其收益也有所不同。

（四）多方投资，职业经理人管理，按股权收益

创业者投资相同或不同数额的资金，占有股权不同，聘用职业经理人进行企业或公司管理。创业者按出资比例获得收益。职业经理人管理是指将专业经理人招聘或聘任代表所有者来负责一个企业或组织的运营和管理。股权是企业所有者的权益，持有者根据他们所持有的股权比例来分配企业或项目的收益或利润。这种分配方式可以反映投资者在企业经营和决策中的贡献和风险分担。

（五）资本与知本结合，由职业经理人管理，按协议收益

创业者有相同或不同数额的投资，有不同性质的投资，聘用职业经理人进行管理，按出资比例获得收益。创业中除以金钱形式投资外，也可以"知本"形式投资，"知本"指专利权、

版权、商标权等知识产权的"权利人"或所有者。这意味着知本是原创或独占的知识、创意或权益的法定持有者。

（六）资本与知本结合，首席执行官管理，按协议收益

合伙人进行相同或不同数额的投资、不同性质的投资，聘用首席执行官进行管理，按出资比例获得收益。首席执行官不同于传统意义上的总经理或总裁。在首席执行官模式下，董事会对重大经营决策拍板，决定首席执行官的聘用和考评，确定以首席执行官为中心的管理层的薪酬制度。经营决策方面，对首席执行官进行约束的责任由决策委员会或独立董事承担。决策委员会与独立董事的主体是管理和技术方面的专家，他们不直接与企业产生收益相关的利益关系。

这种方式是当前国际上比较流行的一种方式。它将资本与知本的雇佣关系改变为契约关系，也避免了决策与管理分离造成的一些弊端。

以上6种方式还可以组合演变成多种合伙方式。但一个企业采取哪种方式更好，还要看现实的条件，看合伙人的价值观和能力，要量体裁衣，越合身越好。

☞ **随堂讨论问题**

1. 创业者主要分为哪些类型？各有什么特点？
2. 你是如何理解创业者的？
3. 什么是创业团队？
4. 你认为应该如何组建创业团队？

☞ **作业**

1. 请你实地访谈校园内的创业者或创业团队。
2. 华为创业团队、腾讯五虎将等都是比较成功的创业团队，请从团队的组建、角色扮演等方面认真剖析相关案例，总结创业团队组建和管理所涉及的关键要素和一般规律。

03 第三章
创业机会与创业风险

　　创业对当下年轻人的吸引力是非常大的。创业成功在某种程度上意味着人生的成功和精彩，然而创业的最初阶段无疑是艰难无比的。对于创业机会的识别与把握，初出茅庐的大学生显然缺乏必要的经验。俗话说，机会只为那些有准备的人展现，如何识别创业机会、成功把握机会，是大学生创业必须重视的一项课题。

第一节　创业机会

　　创业者在准备开始创业的时候都会面临同一个问题：创业应该从哪里开始？对创业者来说，这是创业要解决的首要问题。创业的成功往往源于一个好的机会，创业的过程就是机会管理的过程。创业者需要了解创业机会的概念与特征、创业机会的来源、创业机会的识别，以及创业机会评价等知识。

一、创业机会概述

　　创业机会对于创业者的重要性也许远超很多人的想象。创业机会不仅是创业的起点，而且是创业的核心议题和关键之一。

（一）什么是创业机会

　　创业是发现市场需求，通过投资经营企业满足这种需求的活动。如何识别与把握创业机会并成功创业，是创业者亟待解决的问题。

　　1. 创业机会的概念

　　创业机会有以下几种定义方式。

　　（1）可以为购买者或使用者创造或增加价值的产品或服务，具有吸引性、持久性和实时性特点。

　　（2）可以引入新产品、新服务、新原材料和新组织方式，并能以高于成本的价格出售的情况。

（3）是一种新的"目的 - 手段"关系，它能为经济活动引入新产品、新服务、新原材料、新市场或新组织方式。

（4）主要指具有较强吸引力的、较为持久的、有利于创业的商业机会。

综上所述，我们可以得出较为全面的概念：创业机会是指在市场经济条件下，社会经济活动过程中形成和产生的一种有利于企业经营成功的因素。它是一种带有偶然性并能被经营者认识和利用的契机。

2. 创业机会的特征

对创业机会的识别源自创意的产生，而创意是具有创业指向且具有创新性的想法。在创意没有产生之前，创业机会存在与否意义并不大。

有价值潜力的创意一般会具有以下 3 个基本特征。

（1）独特、新颖，难以被模仿。

创业的本质是创新，它可以是新的技术和新的解决方案，可以是差异化的解决办法，也可以是更好的措施。新颖性意味着一定程度的领先性。不少创业者在选择创业机会时，关注国家政策优先支持的领域就是在寻找具有领先性的项目。不具有新颖性的想法不仅难以吸引投资者和消费者，而且对创业者本人也难以产生激励作用。有新颖性的创意难以被模仿。

（2）客观、真实，可以操作。

有价值的创意绝对不会是空想，而是有现实意义的，具有实用价值。简单的判断标准是能够开发出可以把握机会的产品或服务，而且市场上存在对产品或服务的真实需求，或可以找到让潜在消费者接受产品或服务的方法。

（3）具有价值性。

有潜力的创意还必须具备价值。创意的价值特征是根本，好的创意要能给消费者带来真正的价值。创意的价值要靠市场检验。同时，好的创意必须给创业者带来价值，这是创业动机产生的前提。

创意具有创业指向，创业者在产生创意后，会很快把创意发展为可以在市场上进行检验的商业概念。商业概念既体现了顾客正在经历的问题，也体现了创业者试图解决的问题，还体现了解决问题所带来的顾客利益和获取利益所采取的手段。例如，帮助球手把打丢的球找回来是一个创意，容易把球打丢是实际存在的问题。而有人试图要解决这个问题，在高尔夫球内安置一个电子小标签，开发手持装置搜索打丢的球是解决问题的手段。创业机会指那些适合创业的机会。看到创业机会、产生创意并发展成清晰的商业概念意味着创业者识别到创业机会，至于发展出的商业概念是否值得投入资源进行开发，是否能成为有价值的创业机会，还需要认真地论证。

创业机会具有以下主要特征。

（1）客观性和普遍性。

创业因机会而存在，创业机会具有普遍性。对于市场而言，机会是具有客观性的，不管创业者是否意识到或发现，凡是有市场、有经营的地方，客观上都存在着创业机会。创业机会普遍存在于各种经营活动过程之中。纽约大学柯兹纳教授认为机会就是未明确的市场需求或未充分使用的资源或能力。

（2）时效性和不稳定性。

好的机会都具有很强的时效性，这就是人们常说的，机不可失，时不再来。机会和时间一样，都是稍纵即逝的，错过了就不可能复得。另外，市场是瞬息万变的，创业机会存在于一定的时空范围之内，随着产生机会的客观条件的变化，机会同样也会随着时间的推移相应地消逝和流失。所以，机会同样也具有一定的不稳定性。

（3）吸引性和价值性。

创业机会是能够为购买者或用户创造或增加价值的产品或服务，好的机会对顾客具有很强的吸引力。创业机会一定是一个有吸引力的创意，然而有价值潜力、有吸引力的创意并不等于创业机会。创业机会拥有大多数创意所不具备的一个重要特征：能满足顾客的需求，因而具有市场价值。好的创业机会能够创造价值，而且也只有有价值的创业机会才值得去把握和利用。能更加满足用户的需求，能给用户解决实质性的问题，能给创业者创造收益，这些才是创业机会真正的价值所在。因此，好的创业机会必须要能同时给用户和创业者产生价值。

（4）均等性和差异性。

机会对同一类人或者同一类的企业都是均等存在的，但是每个人每个企业对相同的市场机会在认识上会有一定的差异性。另外，每个人和企业的素质能力不同，在利用市场机会时，能够获利的可能性及大小也会有所差别。

（5）可行性和可持续性。

创业机会必须是可行的。这意味着创业者必须有足够的资源和能力来实现他们的计划。如果一个创业机会不可行，那么它就没有什么意义。创业机会应该考虑到长期的可持续性和发展潜力。如果一个创业机会只是暂时的，那么它不会持续很长时间。一个好的创业机会应该能够在未来实现持续的增长和利润，而不仅仅是短期的成功。

（二）创业机会的来源

创业机会的来源极其广泛，只要我们有心观察，有心钻研，有心创业，就能够发现商机，创造价值。

1. 问题需求

企业的根本任务是满足顾客需求。顾客需求没有得到满足就是问题，例如负面事件、困境和难题、不协调现象、意外事件、需要与瓶颈等都是创业者需要关注的问题需求。寻找创业机会的途径就是，善于发现和体会自己和他人在需求方面存在的问题或生活中的难处，结合自身的兴趣、爱好，专注而高效地解决相关问题，为顾客提供相应的产品或服务。

例如江苏理工学院的大学生张清惠、张优等同学发现大学校园面积大，学生去不同教学楼上课或者去图书馆看书花费的时间多，存在交通难问题，于是创办了常州柒玛信息科技有限公司，提供校园共享单车，这一创意很快扩展到全国，盛极一时，解决了大学生校园出行问题。

再如南京大学软件学院的刘靖康曾因凭拨号音破解周鸿祎的手机号码一时成为网络技术红人。他还验证了邮箱的漏洞。在校期间，他和好友陈永强在南京创立了"名校直播"网站。在做视频直播时，他发现用手机直播视频时只能展示局部，并且清晰度不高，用户观感不佳，难以把现场很好地分享出去，因此用于分享现场的 Insta360 全景相机应运而生。类似解决学生熟悉的学习生活环境中的问题的案例还有：上海交通大学的 59store 项目、华中科技大学的"粉丝网"项目、北京邮电大学"学生圈新媒体"项目、山东师范大学的"大川乒乓"项目等。这些都是把问题转化为创业机会的成功案例。

2. 科技转化

越来越多的院校重视将科研项目转化为大学生创新创业项目，这些项目成为大学生高质量创新创业项目的重要来源。我国于 2015 年颁布了科技成果转化相关法律文件，2016 年教育部与科学技术部（简称"科技部"）联合发布了相关细则。西北工业大学的"翱翔系列微小卫星"项目、福州大学的"北斗"技术民用项目、华中科技大学的"慧淬"铁轨延寿项目等都是由科研项目转化而来的创业项目。

其中"慧淬"项目源于武汉国家光电实验室的曾晓雁教授通过激光淬火的设想，后来逐步转化为通过激光萃取实现钢轨现场延寿的研究，由此专门研究钢轨延寿的慧淬学生团队诞生。在大量实验探索基础上，该团队又提出高重频飞行激光扫描淬火技术，突破了传统激光淬火功率密度的限制，将激光选区淬火的效率提高了 15 倍以上。完成实验室突破后，该团队又突破了第三项技术，即钢轨现场激光强化技术，其更大的意义在于在不用拆卸钢轨的前提下，对钢轨表面进行二次甚至多次强化，使钢轨的全寿命周期较以往提高 10 倍以上，为近百亿的钢轨延寿市场带来了新技术。

3. 发展变化

根据社会宏观环境、产业结构、知识创新、技术创新、市场细分的变化等，创业的机会大都产生于不断变化的市场环境。环境变化了，市场需求、市场结构必然发生变化。著名管理大师彼得·德鲁克将创业者定义为能寻找变化并积极反应，将其当作机会充分利用起来的人。社会的每一次变化都蕴藏着大量的商机，关键要善于发现和利用。比如，居民收入水平提高，私人轿车的拥有量不断增加，这就会产生汽车销售、修理、配件、清洁、装潢、二手车交易、陪驾等方面的创业机会。随着时代的发展，AI、区块链、机器人、智能家居、物联网、生物科研等新技术领域也存在巨大的创业机会。

近年来，我国活鱼运输市场庞大，社会对于活鱼的产品品质有了更高的要求。但由于时空差异、保活技术工艺，以及运输装备欠缺、智能信息化落后、供应链管理不协调等原因，水产品活体销售市场的发展大受限制。山东商业职业技术学院的国家农产品现代物流工程技术中心在十几年前便着手相关项技术研究，他们通过反复实验、不断研究，终于研发了集"暂养 - 梯度降温 - 诱导休眠 - 无水包装 - 低温贮藏 - 唤醒"全过程品控工艺、智能信息化及配套装备为一体的水产品无水保活物流技术。该团队通过不断改进已有的调温技术，把它应用于水产运输，利用变温动物自身的特性，实现了鱼的休眠、运输、唤醒，鱼的保活时间长达 72 小时，保活率可达 98%。与当前主流的有水运输相比，无水运输物流运量提高 20% ~ 30%，成活率提高 15% 以上，经济效益明显。山东商业职业技术学院的"无水保活"项目是典型的基于市场变化和技术变革而产生的创业项目。

4. 知识及经验

根据项目创始人或团队的行业、工作和社会经验，专业知识背景，兴趣特长，能力优势等，大部分创业者都有独特而丰富的经历。有的大学生在生活中接触过电子商务平台、舞蹈培训、模特表演等，他们从中发展出相应的创业项目，成就了很多"小而美"的企业，如农梦成真、圣地天堂等项目。

趣弹音乐的帅圳兴在高中学长家第一次接触了尤克里里。当时，这种乐器并不普及，相关教程也少。起初，帅圳兴玩尤克里里只是为了消磨时间，他自己找谱，自学自练。后来，他在大学里创建了尤克里里社团，经过一年多时间，这个社团扩展到桂林的 4 所高校，会员有了 1500 多人。如今，趣弹音乐全网累计粉丝超 1000 万，全网内容短视频累计播放量超 20 亿，他成功地将趣弹音乐推销了出去。

5. 资源网络

对于大部分行业来说，人际关系资源是很重要的，不仅关系着业务的发展速度，关系着人才的集聚，也关系着渠道的获取或拓展。创业需要各种各样的现实和虚拟渠道，这些渠道是快速推出企业、获取资源、掌控信息的关键。已毕业校友已经在社会各个行业走上岗位，且与母校有着很深的情感，是一个重要的大学生创新创业项目与校外导师来源。大学老师也有很多好的想法，有着丰富的社会资源，也会成为大学生创新创业项目的重要来源。例如武汉工程大学的"秋叶 PPT"项目、江西师范大学芒果青年校园等利用相关资源的项目，通过师生同创，已成为优秀的大学生创业项目。

6. 家族产业与产权传承

基于家族产业与产权传承的大学生创新创业项目不断增加。在民营经济发达的地区，越来越多的家庭企业的新生代——"创二代"，实现了家庭产业与"互联网"的对接，实现了升级跨越发展。例如花二代、有点田女孩等一大批新生代在家庭已有的创业方向上继续探索，创造出相应的商业机缘。

7. 政府公共采购与社会公益服务

目前越来越多的政府职能通过面向社会采购服务的方式实现，由此产生了巨大的创新创业空间。此类市场受众群体范围广、空间大。一些创业者通过创新与创意极大提升了政府公共服务的质量与效率，实现了成功创业。

8. "一带一路"倡议与全球经济一体化

大学生创新创业在立足国内的同时，一定要面向世界。"一带一路"倡议会带来巨大的商机，世界经济的深度融合会带来更多的整合全球资源的创新创业机会。对外经贸大学的"一带一路"留学生项目、多所大学的"跨境电商"项目已经对此有所体现；新疆大学的"语言＋"项目采用大数据技术与手机智能交互，实现了信息检索，完成了语音转换，成为此类项目的代表。

9. 社会公益需求

商业创新在创造巨额财富的同时，在不同程度上造成了人类"公共财富"的消减。因此，政府或非营利性机构等开始依靠社会创新，对财富和资源进行调配，以增加公共福利。公益创业指采用创新方法解决社会问题并创造社会价值，而这正恰如其分地与当代大学生所追求的公益情怀、传递正能量的社会担当遥相呼应。大学生公益双创项目呈现欣欣向荣之势。

（三）创业机会的识别

如何识别创业机会是创业者首先要解决的问题。好的创业机会必然具有特定的市场定位，专注于满足顾客需求，同时能为顾客带来增值的效果。创业需要机会，机会要靠发现。创业者应注意识别以下创业机会。

1. 现有市场机会与潜在市场机会

现有市场机会是环境变化带来的机会，即在市场变化中那些明显未被满足的市场需求，往往易被发现，但竞争势必激烈。潜在市场机会是指那些隐藏在现有需求背后的、未被满足的市场需求，其不易被发现，识别难度大，但往往蕴藏着极大的商机。创业者若提前预测到某种潜在市场的需求，就可以在这种市场机会到来前做好准备，从而获得领先优势。

2. 行业市场机会与边缘市场机会

行业市场机会是指在某一个行业内的市场机会，发现和识别这类机会的难度系数较小，但竞争激烈，成功的概率低。边缘市场机会是在不同行业之间的交叉部分出现的市场机会，处于行业与行业之间的"夹缝"地带，难以被发现，需要有丰富的想象力和大胆的开拓精神，但一旦开发，成功的概率较高。

3. 全面市场机会与局部市场机会

全面市场机会是指在市场大范围出现的未被满足的需求。局部市场机会则是在市场局部范围或细分市场出现的未被满足的需求。若能在大市场中寻找和发掘出局部或细分市场机会，拾遗补阙，创业者就可以集中优势资源投入目标市场，从而有利于增强主动性，减少盲目性，增加成功的可能。

此外，商业模式设计也是机会识别和论证工作的一部分，尽管创业者在机会识别阶段难以设计出完整的商业模式。商业模式是产品、服务和信息流的一个体系架构，包括各种不同的参与者及其角色、各种参与者的潜在利益，以及企业收入的来源。

创业是不拘泥于当前的资源条件而对机会进行追寻，是将不同的资源组合以开发和利用机会并创造价值的过程。

（四）成功的创业机会识别所需的条件

创业机会识别是创业愿望、创业能力和创业环境等诸多因素综合作用的结果。

首先，拥有创业愿望是创业机会识别的前提。创业愿望是创业的原动力，它推动着创业者去发现和识别市场机会。没有创业愿望，对于再好的创业机会，创业者也可能会视而不见，或失之交臂。

其次，创业能力是创业机会识别的基础。一方面，创业者识别并开发创业机会；另一方面，创业机会也在选择创业者。识别创业机会在很大程度上取决于创业者的创业能力。国内外的研究和调查显示，与创业机会识别相关的创业能力主要有洞察能力、信息获取能力、技术发展趋势预测能力、模仿与创新能力、建立各种关系的能力等。

最后，创业环境的支持是创业机会识别的关键。创业环境是创业过程中多种因素的组合，包括政府政策、社会经济条件、创业和管理技能、创业资金和非资金支持等方面。一般来说，如果社会对创业失败比较宽容，有浓厚的创业氛围；国家对创业有金融支持，并建立了完善的创业服务体系；产业有公平、公正的竞争环境，就会吸引更多的人创业。

创业机会识别是创业的开端，也是创业的前提。围绕创业机会，有些基本的问题是所有想创业的人都关心的，比如：为什么是他而不是别人看到了机会；未经系统论证调查的（甚至可以说偶然发现的）机会，为什么可以及是怎样成为创业机会的；机会识别要进行哪些可行性论证，等等。

创业机会青睐于特定创业者。理论界与实践界都一直试图回答：为什么是有些人而不是另外一些人看到了机会？这些看到了机会的创业者有什么独特之处？

普遍而言，下面的几类因素被认为是这些人具备的一些特征。

第一是经验。特定产业中的经验有助于创业者识别创业机会。有调查发现，70% 左右的创业机会其实是在复制或修改以前的想法或创意，而不是对全新创业机会的发现。

第二是专业知识。在某个领域拥有更多专业知识的人会比其他人对该领域内的创业机会更具警觉性与敏感性。例如，一位计算机工程师往往比一位律师对计算机产业内的创业机会更为警觉与敏感。

第三是社会关系网络。个人社会关系网络的深度和广度影响着创业机会识别，这已是不争的事实。通常情况下，建立了大量社会关系网络的人会比那些拥有少量社会关系网络的人更容易得到机会。

第四是创造性。从某种程度上讲，创业机会识别实际上是一个创造过程。在许多产品、服务和业务的形成过程中，甚至在许多有趣的商业传奇故事中，我们都能看到创造性思维的影子。

尽管上述特征并非创业成功的必然因素，但创业者具备了这些特征，往往会比其他创业者具有更多的优势，也更容易获得成功。

创业，既可以解决就业难的尴尬，也可以让一个人完成从"职业"到"事业"的转型，这样的诱惑常常让大多人的天平最终向创业倾斜。多数人都想创业，都想有一份属于自己的事业，哪怕它很小很小。投资是人们最普遍、最直接的创业方式。大学生在创业之前一定要找到最适合自己的并且有市场的创业方向，同时用市场评估准则和效益评估准则来评估所选择的创业机会，另外还要发挥自身优势，只有这样，才能在众多的创业者中脱颖而出，到达成功的彼岸。

二、创业机会评价

对于创业机会的评价，我们可先对创业行业进行分析，选择我们感兴趣、擅长又有发展空间的行业，再针对具体项目进行详细分析评价。

（一）三度交集法则

要想选择相对合适的行业，可运用三度交集法则。

三度交集法则是指当一个人选择未来事业发展行业时，需要综合考虑 3 个要素，即兴趣度、擅长度和财富度。

社会经济系统中每个行业都是可能选择的创业领域。在这么多行业中，对创业者感兴趣的所有行业，我们称为高兴趣度行业集合；对创业者天然擅长的所有行业，我们称为高擅长度行业集合；对创业者认为可以获得足够财富回报的所有行业，我们称为高财富度行业集合。这 3 个行业集合会有一个交集。这个交集中，会有多个行业。交集中的每个行业都是创业者及其团队既喜欢又擅长，还坚信能收获巨大回报的行业。

（二）从项目本身评价创业机会

对于创业机会，一般来说，主要从盈利时间、市场规模、资金需要量、投资收益、成本结构等维度进行评价。

1. 盈利时间

有价值的创业机会可能是在两年内实现盈亏平衡或者取得正现金流。如果实现盈亏平衡或取得正现金流的时间超过 3 年，那其对创业者的要求就高了，因为大多数创业者支撑不了这么长的时间，投资者和合作伙伴也没有这么多的耐心，这种创业机会的吸引力就会大大降低。除非有其他方面的重大利好，否则一般都会要求创业机会具有较短的获得盈利的时间。不过有的创业机会确实需要经过比较长的耕耘时间，通过前期投入，创造进入障碍以保证后期持续获利。在这种情况下，可以将前期投入视为一种投资，这样才能容忍较长的实现盈亏平衡或取得正现金流时间。

2. 市场规模

如果市场规模小，则往往不足以支撑企业长期发展，而创业者若进入一个规模巨大而且还在不断发展的市场，即使只占有很小的份额，也能够生存下来。一般来说，市场规模和价值越大，创业机会越有价值。

用户规模是对创业机会成长空间的估算。什么是用户规模？就是一个项目最多可以获得多少用户。我们做任何产品，必定会进入某一个市场。我们确定好自己进入的是哪个市场后，就要估算我们最多可以在这个市场里获得多少用户，这时我们会面临两个问题。

（1）市场总容量。

每个市场都是有天花板的。就算我们占有100%的市场，它的容量是多少我们也得知道，这也是我们选择的创业机会的天花板。赛道越大，就意味着创业机会上升的空间越大，创业机会的估值就会越高，这叫作有想象空间。相关市场容量需要好好进行行业调研，部分行业如果没有数据，就需要我们结合行业报告、重点企业的行业调研报告、相关论文等进行综合推算。

（2）市场竞争。

对于有的创业机会，我们在进行调研时，无法查询到相关数据，这时候如何判断它是不是机会呢？如果没有人选择这一机会，我们就得小心了，因为我们不能确定我们认为的需求是否真实存在。假定需求真实存在，却没有人选择，我们就得做好开拓市场的准备，开拓市场可不是那么容易的，不要我们好不容易花了一年的时间，把用户从无到有地培养起来了，结果对手蜂拥而至。

如果我们找到的创业机会已经有人选择了呢？那我们就得知道有多少人选择了它，他们进行得如何了，然后得估量一下凭自己的能力和资源能否战胜他们，能从他们手里抢来多少市场份额。这些问题我们自己不问，将来投资人也会问；投资人不问，市场也会找我们要答案。所以，我们要根据对自己能力的评估，对市场容量和竞争者的分析，给创业机会估算一个市场份额。

3. 资金需要量

大多数有较大潜力的创业机会需要大量的资金，只需少量或者不需要资金的创业机会是罕见的。如果需要过多的资金，这样的创业机会就缺乏吸引力，需要较少或者中等程度的资金的创业机会则是比较有价值的。创业者需要根据自身的资金实力和可以动用的资源来评价创业机会，对超出能力范围的不应考虑。

4. 投资收益

创业的目标通常是要获得收益，这要求创业机会有合理的盈利能力，包括较高的毛利率和市场增长率。毛利率高说明创业机会的获利能力强，市场增长率高表明市场的发展潜力大。

如果每年的投资收益率能够维持在 25% 以上，那么这样的创业机会是很有价值的；若每年的投资收益率低于 15%，则是无法对创业者和投资者产生很大吸引力的。一般而言，具有吸引力的创业机会至少需要创造 15% 以上的税后净利。如果创业机会预期的税后净利在 5% 以下，那么这就不是一个好的创业机会。

5. 成本结构

成本结构是指一个企业或组织在经营过程中所涉及的各种成本构成和相互关系的体系。企业竞争优势的来源之一就是成本，较低的成本会给创业企业带来较大的竞争优势，使得该创业机会的价值较高。创业企业靠规模来达到低成本是比较可行的，低成本的优势大多来自技术和工艺的改进，以及管理的优化，创业机会如果有这方面的特质，对于创业者来说则是非常有利的。

6. 进入障碍

创业机会存在的某些限制，比如资源的限制、技术的限制、政策的限制等，都可能成为市场的进入障碍。但是，对于进入障碍要进行辩证的分析。如果创业者进入市场以后，自身优势不足以阻止其他企业进入市场，这也不是一个好的创业机会。阻止其他企业进入市场的核心是我们产品的质量、价值，对用户需求的理解，对用户持续的服务，供应链的管理，对新技术的理解和应用等远胜于其他企业。

7. 风险评估

什么是风险成本？就是如果我们创业失败了，一分钱没挣到，最多会损失多少钱。换句话说，就是在一个客户都没有的情况下，我们依然要支付的那些费用。比如建厂购买设备的费用、购买办公用品的费用、招募员工发放的基本工资、公司每个月的房租、店铺的装修费等，这些成本在没有任何客户的时候，也必须要投入，这些就是风险成本。不能说我们的项目有可能每年挣 1 亿元，但是得先投入 20 亿元建厂搞研发，那万一失败了怎么办？这个损失就太大了，这样的创业机会看似诱人，但是因为风险太大，所以没有人愿意投。

所以，我们在创业机会落实之前得先做个假设，假设我们折腾了半年，投入了一定数额的资金，结果什么都没做出来，一个付费用户也没有，投入的钱全部赔光，我们是否能够承担这个结果。如果不能，那有什么办法可以降低这种失败的可能性并减少其带来的损失。或者我们干脆找一些投入成本很低的创业机会。有些创业机会收益少，但是风险成本很低，就算失败了也亏不了多少钱，花不了什么时间，那它也可以成为一种选择：做成了有个细水长流的收入，做不成也不会有太大的损失。比如有人做了一款"白噪声"软件，提供一些下雨声、流水声、风声、咖啡厅杂音等，这对一个需要专注的人来说很有用。因为该软件的功能和界面都极其简单，所以开发者花了 3 个晚上的时间就做出来了，后期几乎不需要怎么维护，现在每个月有几千元的广告收入，虽然不多，但是几乎不需要再花精力，从而是很好的一份收入。这就是一个好的创业机会。所以，不用每次都想得特别宏大，要考虑我们的风险成本。

投资领域有句行话叫"风险偏好"：我们是搏一把，还是求安稳？选择适合自己风险偏好的创业机会就好。

很多人创业时都看到了可能的收益，但是并不关注风险，更不知道该如何转移这些风险，这是很危险的。如果风险控制能力很强，就可以把风险成本降到很低，创业也就靠谱很多。

风险存在于创业的每个环节和每个阶段，但很多创业者经常对它视而不见。风险永远不可能真正消除，我们无法预料到它会以什么方式在什么时候来到我们身边，再大的公司都可能会倒闭。既然不可避免，那我们就得先想好怎么将风险转移出去，比如找投资人融资。融资其实就是为我们的创业买了一份保险。当然，我们也得拿出公司未来成长带来的收益去交换。或者我们可以通过资产配置的方式转移风险。比如，同时开启两项业务，一项是没有什么未来但能带来稳定现金流的 2B（To Business，面向企业）业务，一项是初期没有什么收入但有很大成长潜力的 2C（To Consumer，面向消费者）业务，用 2B 业务的现金流来养 2C 业务，这样公司不至于因现金流很快枯竭而死掉，还能保有高成长的机会。

8. 退出机制

有吸引力的创业机会应该有比较理想的获利和退出机制，便于创业者和投资者获取资金及收益。没有任何退出机制的创业企业和创业机会是没有太大吸引力的。

（三）从管理团队和个人特质等维度评价创业机会

创业机会评价的另一个方面就是对创业管理团队的评价。

1. 创业经历

很多研究指出，创业者和管理者的个性特征有差异。而且，有研究认为，创业者和管理者在信息处理方式上存在显著差异。所以，从机会评价标准的经验分析看，有创业经历的管理者的意见比没有创业经历的管理者的意见更值得重视。

2. 工作年限

企业工作经验对创业者能否做出正确判断有重要影响。从机会评价标准的经验分析看，企业工作年限长的创业者的意见比企业工作年限较短的创业者的意见更值得重视。

3. 管理经验

在进行机会识别和评价时，创业者的管理经验起着重要的影响作用。担任高级管理职务，意味着需要具备更多的决策经验和资源控制能力。因此，从机会评价标准的经验分析看，担任企业高层管理职务的创业者的意见比担任中层管理职务的创业者的意见更值得重视。

（四）常见的创业机会评价方法

常见创业机会的评价方法包括市场研究法、SWOT 分析法和行业分析法等。市场研究法是通过市场调查和分析，了解目标市场的需求、竞争对手、市场规模等信息，以此来判断是否有足够的市场需求和商机的一种方法（本书在第六章将详细介绍此种方法）。行业分析法是通过对所在行业的分析和研究，了解行业的发展趋势、市场规模、主要竞争对手等信息，以此来判断是否有足够的市场空间和商机，以此来评价创业机会的一种方法。这里着重介绍的是 SWOT 分析法。

所谓 SWOT 分析，是指基于内外部竞争环境和竞争条件的态势分析，也就是将与研究对象密切相关的各种主要内部优势、劣势和外部机会、威胁等，通过调查列举出来，并依照矩阵形式排列，然后用系统分析的思想，把各种因素匹配起来加以分析，从中得出一系列相应的结论，而这种结论通常带有一定的决策性。

运用这种方法，可以对研究对象所处的情景进行全面、系统、准确的研究，从而根据研究结果制定相应的发展战略、计划及对策等。

S（strengths）意思是优势，W（weaknesses）意思是劣势，O（opportunities）意思是机会，T（threats）意思是威胁。按照企业竞争战略的完整概念，战略应是一个企业"能够做的"（组织的强项和弱项）和"可能做的"（环境的机会和威胁）之间的有机组合。

1. 优势（S）

优势是指一家企业超越其竞争对手的能力，或者指企业所特有的能提高其竞争力的东西。例如，当两家企业处在同一市场或者说它们都有能力向同一顾客群体提供产品或服务时，如果其中一家企业有更高的盈利率或更大的盈利潜力，那么，我们就认为这家企业比另外一家企业更具有优势。

优势可能体现在以下几个方面。

（1）技术技能优势：独特的生产技术、低成本的生产方法、领先的革新能力、雄厚的技术实力、完善的质量控制体系、丰富的营销经验、上乘的客户服务、卓越的大规模采购技能等。

（2）有形资产优势：先进的生产流水线、现代化的车间和设备、丰富的自然资源储存、吸引人的不动产地点、充足的资金、完备的资料信息等。

（3）无形资产优势：优秀的品牌形象、良好的商业信用、积极进取的企业文化等。

（4）人力资源优势：在关键领域拥有专长的职员、积极上进的职员、组织学习能力很强的职员，有丰富经验的职员等。

（5）组织体系优势：高质量的控制体系、完善的信息管理系统、忠诚的客户群、强大的融资能力等。

（6）竞争能力优势：产品开发周期短、强大的经销商网络、与供应商良好的伙伴关系、对市场环境变化的灵敏反应、市场份额的领导地位等。

2. 劣势（W）

劣势是指会使企业处于劣势的条件。

劣势可能是以下几点。

（1）缺乏具有竞争力的技能、技术。

（2）缺乏有竞争力的有形资产、无形资产。

（3）关键领域的竞争能力正在丧失。

3. 机会（O）

机会是影响企业战略的重大因素。企业管理者应当确认每一个机会，评价每一个机会的成长和利润前景，选取那些可与企业财务和组织资源匹配、使企业获得竞争优势的最佳机会。

机会可能是以下几点。

（1）客户群的扩大。

（2）技能、技术向新产品新业务转移，为更大的客户群服务。

（3）前向或后向整合。

（4）市场进入壁垒降低。

（5）获得购并竞争对手的能力。

（6）市场需求增长强劲，可快速扩张。

（7）出现向其他地理区域扩张、扩大市场份额的机会。

4. 威胁（T）

在企业的外部环境中，总是存在某些对企业的盈利能力和市场地位构成威胁的因素。企业管理者应当及时确认企业面临的威胁，做出评价并采取相应的战略行动来抵消或减轻它们所产生的影响。

企业面临的威胁可能是以下几点。

（1）出现将进入市场的强大的新的竞争对手。

（2）替代品抢占企业销售额。

（3）主要产品的市场增长率下降。

（4）汇率和外贸政策的不利变动。

（5）人口特征、社会消费方式的不利变动。

（6）客户或供应商的谈判能力增强。

（7）市场需求减少。

（8）容易受到经济萧条和业务周期的冲击。

此外还有PEST分析法等创业机会评价方法。

第二节　创业风险

随着经济的发展，国家鼓励自主创业，大学生也对自主创业有着浓厚的兴趣，但大学生创业存在很多风险，大学生除了要具备一些创业者应有的能力和素质以外，还要具备风险防范意识。

一、创业风险识别

创业不仅需要激情，还需要专业与理性。创业过程中风险无处不在，创业者要善于认清风险进而控制风险。

从创业的过程来看，创业企业面临的风险是客观存在的，是不可避免的，而且在一定的条件下还有某些规律。创业者只能把风险降到最低的程度，而不可能将其完全消除。因此，能够清晰地识别风险并使风险可控，才是创业的第一步。毕竟，没有人在明知风险很大的前提下还要去创业，即使他满足拥有充足的资金、优秀的合伙人等一系列条件。

1. 风险识别的特点

风险识别有以下几个特点。

（1）个别性。任何风险都与其他风险有不同之处，没有两个风险是完全一样的。

（2）主观性。风险识别都是由人来完成的，由于不同的人在专业知识水平（包括风险管理方面的知识）、实践经验等方面存在差异，同一风险由不同的人识别而得出的结果也会有较大的差异。

（3）复杂性。创业过程中涉及的风险因素很多，而且关系复杂、相互影响。

（4）不确定性。这一特点可以说是主观性和复杂性共同作用的结果。由风险的定义可知，风险识别本身也是风险，因而避免和减少风险识别的风险也是风险管理的内容。

2. 风险识别的原则

（1）由粗及细，由细及粗。

（2）严格界定风险内涵并考虑风险因素之间的相关性。

（3）先怀疑，后排除。

（4）排除与确认并重。对于肯定不能排除但又不能肯定予以确认的风险按确认考虑。

（5）必要时，可通过实验论证。

二、创业风险分类

创业风险有很多，在识别的时候不可能面面俱到，但基本的识别可以通过判断其来源进行。

（一）创业能力不足的风险

大学生在校期间主动接受创业教育和培养，具备一定的创业知识和创业实践能力，但是当真正进行创业，需要独立解决现实问题时，就会发现自己很多方面的不足。大学生在创业中遇到往往会由于考虑得不够周全，严重影响创业活动的顺利展开。很多大学生创业者眼光高，但是缺少实战经验，既不了解创业的相关政策法规，也没有在相关企业工作的经历，却希望能取得很大的成就，从而往往不能如愿。社会环境中的风险无处不在，要防范风险只能主要依靠自身的力量，加强自主创业风险的防范意识。大学生一方面应在在校期间有意识地参与创业实践活动，积累相关的管理和营销经验；另一方面应积极参加创业教育培训，积累创业知识，接受专业指导，提高创业成功率。

（二）经营管理上的风险

经营管理是对企业整个生产经营活动进行决策，包括计划、组织、控制、协调，并对企业成员进行激励，以实现其任务和目标的一系列工作的总称。经营管理过程涉及的任务多而杂且链条长，在这个过程中存在的风险有战略风险、市场风险、财务风险、人力资源风险、法律风险、信息系统风险、研发风险、技术风险、采购风险、存货风险、物流管理风险、生产管理风险等。在校期间进行创业活动的大学生，大多有老师进行指导。部分大学生可能在创业模拟活动的经营管理上或在创业技能方面相对出众，从而利用某一新技术进行创业；可能是技术方面的专业人才，但却不一定具备专业的管理才能；可能有某些"奇思妙想"，有新的商业点子，但在战略规划上不具备出色的才能，或者在筹资理财、采购营销、沟通协调、经营管理等方面的实际能力尚不足。

（三）社会资源贫乏的风险

社会资源与创业者之间的关系就如颜料和画笔与艺术家之间的关系。没有了颜料和画笔，艺术家即使有了构思也无从下笔。创业也是如此。大学生创办企业、开拓市场、宣传产品或服务等都需要调动社会资源。大学生在学校的模拟创业中所利用的资源相对来说少之又少，但有老师、同学的帮助，宣传方面的压力相对减轻了不少。当大学生走入社会实施创业时，其在宣传广告、市场营销、工商税务、融资租赁、生产服务等方面将会遇到很大的问题，需要投入大量的资源和精力。没有所需的资源，创业者将一筹莫展，创业也就无从谈起。在大多数情况下，创业者不可能拥有所需的全部资源。创业者如果没有能力补足相应的资源缺口，要么创业无法起步，要么会在创业中受制于人。

（四）创业项目选择的风险

创业是发现某种信息、资源、机会或技术，借助相应的载体，以一定的方式转化、创造出更多的财富、价值，并实现某种追求或目标的过程。现在很多大学生创业的项目多集中在高科技领域和服务领域，所以大学生创业前期的市场调研和论证非常重要，而项目的选择决定着创业的成败。当一个创业者最初证明一个特定的科学突破或技术突破可能成为商业产品基础时，若仅仅停留在自己满意的论证程度上是远远不够的，因为在将预想的产品真正转化为商业产品（具备有效的性能、低廉的成本和高质量的产品）的过程中，在从市场竞争中生存下来的过程中，需要创业者进行大量复杂而且可能耗资巨大的研究工作，有时甚至需要耗费几年时间。因此我们不能只凭自己的兴趣和意愿来选择创业项目，而是要去做大量细致的市场调研与论证，并结合自身掌握的资源状况，基于市场潜力做出商业决定，规避相应的创业风险。

（五）融资缺口的风险

融资缺口存在于学术支持和商业支持之间，是研究基金和投资基金之间的断层。其中，研究基金通常来自个人、公司研究机构或政府机构，它既支持概念的创建，又支持概念可行性的最初证实；投资基金则将概念转化为有市场的产品原型。创业者可以证明其构想的可行性，但往往没有足够的资金将其商品化，从而给创业带来一定的风险。通常，只有极少数基金愿意帮助创业者补足这个缺口，如富有的个人专门进行早期项目的风险投资，以及政府资助计划等。

（六）信息和信任缺口的风险

信息和信任缺口存在于技术专家和管理者（投资者）之间。也就是说，在创业中，存在两种不同类型的人：一是技术专家，二是管理者（投资者）。这两种人对创业可能有不同的预期、信息来源和表达方式。技术专家知道哪些内容在科学上是有趣的，哪些内容在技术层面是可行的，哪些内容根本就是无法实现的。在失败类案例中，技术专家要承担的风险一般表现为在学术、声誉等方面受到影响，以及没有金钱方面的回报。管理者（投资者）通常比较了解将新产品引进市场的程序，但当涉及具体项目的技术部分时，他们不得不相信技术专家。如果技术专家和管理者（投资者）不能充分信任对方，或者不能够进行有效的交流，那么这一缺口将会变得更大，带来更大的风险。

（七）团队分歧的风险

现代企业越来越重视团队的力量。创业企业在诞生或成长过程中最主要的力量来源一般都是创业团队。一个优秀的创业团队能使创业企业迅速地发展起来，但与此同时，风险也蕴含其中。创业团队的力量越大，带来的风险也就越大。一旦创业团队的核心成员在某些问题上产生分歧不能达到统一，就极有可能对创业企业造成强烈的冲击。

事实上，做好团队的协作并非易事。特别是与股权、利益相关联时，很多在企业初创时关系很好的伙伴都会闹得不欢而散。

（八）核心竞争力缺乏的风险

对于具有长远发展目标的创业者来说，他们的目标是不断地发展壮大企业，因此，企业不具备自己的核心竞争力就是最主要的风险。一家依赖别人的产品或市场来打天下的企业永远不会成长为优秀的企业。

（九）人力资源流失的风险

一些研发、生产或经营性企业需要面向市场，大量的高素质专业人才或业务队伍是这类企业成长的重要基础。防止专业人才及业务骨干流失应当是创业者时刻注意的问题。在那些依靠某种技术或专利创业的企业中，拥有或掌握这一技术或专利的业务骨干的流失是创业失败最主要的原因。

（十）意识上的风险

意识上的风险是创业团队最内在的风险。这种风险是无形的，却有强大的摧毁力。风险性较大的意识有：投机的心态、侥幸的心理、试试看的心态、过分依赖他人的心理、回本的心理等。

当然，大学生在创业过程中可能遇到的风险并不仅以上10点，企业在发展过程中，随时都可能面临带来灭顶之灾的风险。保持积极的心态，多学习，多汲取优秀经验，结合自身既有的特长优势，大学生创业的步伐才会越走越稳。

三、创业风险的规避原则

正所谓磨刀不误砍柴工，创业前我们要注意以下几点。

（一）充分调查，谨慎"上马"

无论是拥有高新尖端技术还是获得政府强有力的支持，创业不能想当然，必须做好充分的市场调查，在多次论证确定无误的基础上进行。

（二）应对预案

信息时代外部环境不断变化，机遇稍纵即逝，在对创业项目进行充分论证后，对于创业后可能出现的风险要有正确的评估，要有应对预案。这样出现一旦不利局面，就可以从容应对。

（三）加强内部控制

大到万人工厂，小到一二人的便利店，创业时必须建立机制，加强内部控制，完善各项制度，防范来自员工、资金、流程等内部原因造成的风险。

（四）风险分担

投资创业是一套系统工程，在有条件的情况下，可以采用逐步扩大或者分散投资的方法，将鸡蛋放在几个篮子中，降低风险。也可以采取合作的方式，减少一人创业的风险压力。

（五）诚实经营，防范信用风险

古今中外，诚实守信都是投资创业必需的品质，在追求短期利益的基础上，既要照顾长期发展，也要防范信用缺失带来的销售或者资金方面的风险。

（六）依法创业

法律是国家投资创业活动的准绳，创业必须在法律允许的范围内进行。不仅是创业活动本身，与他人达成协议与合作、融资等行为，都要依法进行。

四、规避创业风险的有效手段——市场调研

为规避创业风险，在创业过程中选好一个项目之后，紧接着就要对此项目进行市场调研，收集、整理和分析相关的信息资料，为项目投资决策提供依据。创业项目市场调研的内容主要包括以下几方面。

（一）对创业项目的市场需求状况进行调查

市场需求情况将决定企业未来的生产经营状况。没有需求的创业项目，是无源之水、无本之木，是无法做到生意兴隆的。因此，大学生在选择创业项目之前，必须仔细调查研究该创业项目的市场需求情况。一般而言，需求状况的调查内容包括用户规模和用户类型，项目产品的需求总量、需求结构、需求规律、需求动机等。

（二）对创业项目的外部环境进行调查

创业项目的外部环境是创业者无法控制的因素，它对创业活动的决定性作用在于它能为创业活动提供各种精神的或物质的条件，能从各个方面影响创业活动的进程，决定创业活动的成败。影响创业活动的外部环境主要包括经济环境、政策与法律环境、科技环境、文化环境等。外部环境极为复杂，各种环境对创业活动所起的作用又各不相同，并且在不同的客观条件下，这些环境又以不同的方式组合成不同的体系，发挥着不同的作用。因此，在确定创业项目、从事创业活动前，必须收集各种信息，认真分析、研究外部环境的发展变化，了解产业与市场结构变迁的趋势，国家关于发展经济的政策，社会文化、价值观念的变迁等。否则，很可能因为不了解外部环境而导致创业项目选择不合理。只有适应外部环境，开拓创新，创业活动才能得以顺利进行。

（三）对创业项目的竞争状况进行调查

创业者还需要深入调查、了解、研究创业项目的市场竞争状况，要详细调查、了解在准备创业的地区和行业有无竞争对手，竞争态势如何；如果自己加入这一行业的竞争，竞争态势将发生什么变化；自己是否有能力采取应对措施以确保自己能够立于不败之地等。创业者还需要调查的情况包括竞争对手的数量、经营状况、劳动效率、优势和劣势、竞争策略，以及潜在的竞争对手等，还可以借鉴或参考先进入市场的企业的一些经济技术指标、人员培训方法、重要人才进出情况、新产品的开发计划等信息。

（四）对创业项目的原材料及现有资源进行调查

对于创业者来说，创业项目的现有资源及原材料情况是必须了解和考虑的重要问题。只有具备充足的原材料，创业项目建成并投入使用后，才能保证企业的正常运转，获取预期的收益。如果没有充足可靠的原材料，创业投资项目将很难取得预期的收益。对于创业者来说，不仅要了解原材料情况，还应该掌握创业项目的现有资源情况。一般来说，创业项目的原材

料及现有资源情况调查主要包括本行业、本地区项目产品生产经营状况，新产品开发和原材料供应情况，有关企业的生产规模和技术进步情况，产品的种类、规格、质量、成本、数量、价格的发展情况等。创业者在确定创业项目之前，只有将这些情况调查清楚，才能理智地分析判断，做出正确的决策。

（五）对创业项目的效益进行预测

在创业者进行的调查活动中，创业项目可能获得的效益是需要考虑的重要因素之一。由于价格水平及其变动情况直接影响产品的销售，对于企业的经济效益具有十分重要的意义，因此对创业项目的效益进行预测的时候，要重点进行价格调查。价格调查的内容主要包括建设厂房的总造价、生产设备的总投资、为创办企业应缴的各种费用、产品的原材料成本、生产工人和管理人员的工资、产品的市场价格，以及变动趋势等。

五、提升自我风险防范能力的方法

创业普遍存在风险。在市场经济中，市场环境的不确定性，创业机会与创业企业的复杂性，创业者、创业团队与创业投资者的能力与实力的有限性，可能会导致创业活动偏离预期目标，为创业带来风险。所以创业不仅需要激情，还需要专业与理性，创业者要善于认清风险进而控制风险，提升风险防范能力，避免造成重大经济损失和社会不良影响。

风险控制能力的提升是风险防范的关键。创业者可以从以下几方面出发提升风险控制能力。

（一）了解形势

创业的关键是要找对方向，这个方向就是形势。创业者需要从政治、经济、社会、科技、环境等多个维度关注市场的宏观环境，通过分析行业状态、市场规模、市场占有率等影响市场趋势的因素，发现市场的周期、规律和趋势，并利用数据挖掘、大数据分析、人工智能等技术和工具，深入研究市场中的趋势，挖掘隐藏的信息和机会。这样做有助于创业者深入了解市场风险和竞争压力，同时做好风险评估，以便制定更适合自己的发展方向和策略，并在行业中寻找突破口。因此，创业者一定要看准形势，这样可以预防风险，在风险发生时，要研究形势，根据面临的具体形势制定相应的对策。

（二）拓宽眼界

开阔的眼界不但可以让创业者在开始创业时比别人更好地起步，还可以让创业者在遇到风险时挽救创业。眼界的作用不仅表现在创业之初，它会一直贯穿于创业者的整个创业过程，使创业者少走弯路。

（三）对外界变化敏感

创业者要对外界变化敏感，既要对商业机会敏感，又要对风险敏感。对风险敏感，可以提前做出预防，将损失降到最低。

（四）自我反省

作为一个创业者，遭遇挫折、碰上低潮都是常有的事，在这种时候，反省能力和自我反省精神能够很好地帮助你渡过难关。创业者在自我反省时要全面认识自己，在严格评价自己的基础上，发挥自身的优势，弥补自身的不足，采取正确的措施，避免决策失误。

☞ **随堂讨论问题**

1. 你认为常见的创业风险有哪些？它们属于哪一类创业风险？
2. 创业风险规避原则有哪些？
3. 你认为还有哪些提升创业风险防范能力的方法？

☞ **作业**

1. 选择一个创业项目进行市场调研。
2. 对所选项目的创业风险进行分析。

04 第四章
创业资源

创业离不开创业资源。任何创业者创业都不可能拥有所有的资源，创业者可支配的资源总是有限的。想要实现自己的发展目标，就必须利用自己的可支配资源与他人交换自己所需要的资源，同时让对方也能得到其想要的资源。对创业者而言，获取资源，整合资源，利用好创业机会，就可能获得创业成功。

第一节 创业资源概述

一、资源与创业资源

（一）资源

创业的前提条件之一就是创业者要拥有一定的资源，创业者不可能做到真正意义上的"白手起家"，创业资源已成为创业的关键性要素。企业作为众多异质性资源的组合，需要通过资源向社会提供产品或服务，从而实现自己的目标。可以说，"资源"是准确把握创业资源的基石，对"资源"进行准确而深入的界定非常有必要。

"资源"的基本含义是"物资、动力的天然来源"。《辞海》对"资源"的解释为：生产资料和生活资料等的来源，也就是维持人们进行生产经济活动的有用之物。

资源可以理解为在一定的历史条件下，能够在人类开展的社会活动中，为人类提供有价值的要素的集合。

（二）创业资源

创业的过程是创业者识别、获取、利用、整合各种资源从而谋求机会进行价值创造的过程。因此资源是企业创立和成长的重要基础，创业资源的缺乏是很多创业者最头疼的一件事情。俗话说："巧妇难为无米之炊。"如果没有创业资源，即使创业者再有能力，创业团队再强，创业项目再有特色，创业者也只能"望（商）机兴叹"。对于创业者来说，对创业有帮助的所有要素都属于创业资源。

所谓创业资源是企业创业及成长过程中所需要的各种生产要素和支撑条件。创业资源包括有形与无形的资产，是新创企业创立和运营的必要条件，主要表现形式为创业人才、创业资本、创业机会、创业技术、创业管理等。需要注意的是，创业过程中对于创业资源的获取并非简单的在资源量上的累积，而是通过各种复杂的程序，利用所掌控的资源获取企业竞争优势的过程。创业本身也是一种创业资源的组合及再造。

简单地说，创业资源就是创业者创业过程中所需具备的一些条件，也是新创企业在进行价值创造过程中所需要的特定资产。

二、创业资源的特征

创业资源作为创业活动的关键影响因素，是新创企业在竞争市场生存和发展的必要条件。与一般商业资源相比，创业资源具有以下特征。

（一）创业资源的独特性较强

创业资源的独特性是指创业资源在特定的时间和环境下，对于创业者而言是独一无二的、难以复制或替代的。其主要体现在以下几个方面。一是其中某些资源可能是创业者独有的，无法被其他竞争者所复制或获取。例如，创业者拥有独特的专利技术、商业模式、品牌价值或网络资源。二是某些资源在市场上相对稀缺，很难被其他人获得或获取。例如，创业者可能拥有特殊的人才、关键的供应链资源或市场渠道。三是创业者可能具备独特的核心能力或专业知识，这些能力和知识是其他竞争者难以复制或替代的。例如，创业者在某个行业领域具有深入的行业洞察力和丰富的经验。创业资源的独特性意味着某些资源具有特殊性或独特的竞争优势，使创业者能够在市场中获得差异化优势和竞争优势。

（二）创业资源稀缺性强

创业资源的稀缺性表现在两个方面。第一，从创业者的需求来说，创业资源是稀缺的。换言之，在特定的时间段内，创业资源的供给量可能远远不能满足创业活动的需求。第二，新创企业所拥有的与所需要的资源结构往往是不平衡的。既有企业一般是从新创企业逐步发展起来的，伴随着企业的发展，既有企业往往会开发较多的资源，这种开发过程所奠定的基础，使其更容易获得外界的资源；而新创企业没有既有企业那样的开发资源的沉淀，因此新创企业比既有企业获取外界资源的难度更大。

（三）创业资源外部依赖性强

新创企业资源稀缺，直接控制的内部资源不足，同时相对于既有企业的管理者，创业者还缺乏企业运作相关的知识、经验与能力。因此新创企业通常存在着资源稀缺与部分资源利用不充分的双重矛盾，所以利用外部资源既能解决资源的稀缺问题，又能解决部分资源利用不充分而导致创业资源结构不均衡的问题。创业者通过发挥资源整合能力，使外部资源内化，例如采用投资入股、战略联盟等方式。通过整合外部资源，新创企业还能大大降低创业期间的风险与成本。

（四）创业资源与一般商业资源的异同

1. 相同点

（1）稀缺性。无论何种资源，对于企业的发展而言都是稀缺的。持续经营的企业面对未来广阔的市场发展空间，由于资源有限，永远处于资源取舍的现实境地，只能选择利润相对丰厚的项目。在将某种资源投入一个机会或者项目的过程中，企业就失去了开发另一个机会或项目的可能，因此，资源的稀缺性特点强烈地表现出来。

（2）种类相同。创业资源和一般商业资源包含的显性和隐性资源均相同，只是二者在资源种类的构成上略有不同。

2. 不同点

（1）创业者是最核心的创业资源。众多的新创企业都有一个明显特质，就是创业初期，其拥有的资源往往只有创业者自身。创业者事必躬亲，一步步地开发整合其他人力物力，个人行事风格和主张深深渗透到企业文化的各个方面。一般商业资源中，创业者并非唯一资源，所有权与经营权的分离，逐渐减弱了创业者必不可少的作用。

（2）创业资源依赖外部资源。新创企业初期资源的匮乏性要求创业者通过投资入股、专业协作、信用贸易等整合外部资源，将其内化为企业经营实力，以降低创业期间的风险与成本。

三、创业资源的类型

创业资源从内容的角度可以分为人力资源、财务资源、物质资源、技术资源、组织资源和信息资源。对于创业者来说，创业的成功往往不离开这6种资源。

（一）人力资源

人力资源是最重要的创业资源。人力资源有广义和狭义之分。本书采用狭义的人力资源定义，即指一定时期内组织中的人所拥有的能够被企业所用，且对价值创造起贡献作用的知识、能力、技能、经验、体力等的总称。一般来说，新创企业的人力资源主要由智力资源、口碑资源和社会资源构成。

1. 智力资源

智力资源不仅包括员工的学历、知识、技能和经验，还包括员工的学习能力、创造力、对变革的适应能力。日本把智力资源称为"智的资产"，会投放很多资源积极推动知识资产管理，以提升一般新创企业的管理水平和透明度。

2. 口碑资源

口碑资源是指人们对新创企业及其产品或服务的综合评价，也称声誉资源。对于新创企业来说，口碑资源非常重要，甚至是打开市场知名度的重要条件。企业的口碑往往是通过企业的产品或服务质量、从业人员的工作水平及态度、对客户的服务态度、社会责任的履行等方面积累起来的。新创企业的口碑影响着投资者的投资决策，良好的口碑不仅能够减少融资成本，还能进一步吸引新的投资者。

3. 社会资源

社会资源是指社会成员之间通过倾听、交往互动形成的相对稳定的关系体系。人与人之间的交往互动会影响人们的日常行为。社会资源本质上是一种重要的社会资本，和经济资本一样都是重要的创业资源。从全球的创业者来看，创业团队的社会资源对其创业活动开展的路径、方式和绩效都有重大影响。

（二）财务资源

财务资源指的是创业活动需要的资金。创业活动离不开资金的支持，新创企业不论是产品研发，还是生产和销售都需要一定的资金支持。虽然资金对创业来说是一项重要的资源，但很多创业者白手起家开创了伟大的事业，他们并不是有了丰厚的资金才去创业的，而是滚动式发展。一般来说，新创企业的资金主要来自创业者的个人积蓄、家庭的资金积累、借款或他人入股，技术含量高或综合实力强的创业项目还可能获得银行贷款、天使投资或者政策扶持等相关资金支持。

（三）物质资源

物质资源是创业所需要的实际资产，也是开展创业活动的首要条件之一。物质资源指创业和经营活动所需要的有形资产，包括新创企业的生产经营场地、设备、原材料和存货等。物质资源是创业的必备条件，但并非关键资源，可以通过其他资源来换取。创业需要物质资源，但并不意味着要拥有物质资源的所有权，更重要的是对物质资源的实际控制和利用。土地、矿山、水源、森林等皆有可能成为新创企业的物质资源，充足的物质资源有助于新创企业更好地发展。

（四）技术资源

有研究者指出，在创业初期，技术资源是最关键的创业资源之一。技术资源是指企业在一定时期内所掌握或拥有的劳动手段、工艺方法、劳动技能和生产经验等技术的数量和质量的总和。新创企业的技术主要包括软技术和硬技术两个方面，软技术指的是与解决实际问题有关的软件方面的知识，硬技术指的是为解决这些实际问题而使用的设备、工具等硬件方面的知识。这些软件知识和硬件知识组成了新创企业的技术资源。对技术资源通过法律手段进行必要的保护，可以使其成为新创企业的无形资产。在竞争激烈的当下，加强开发、保护技术资源的独特性是保证新创企业赢得市场的关键。机器、设备、计算机系统等硬件技术资源并不能成为持久的核心竞争优势，因为这些极易被复制和再造，这就提醒企业必须对研发产生的知识进行知识产权保护，以免自身利益被他人侵犯。加强技术资源保护的目的是保护新创企业现有的技术，研究开发并拥有独立知识产权的核心技术，促使新创企业不断地发展壮大。

（五）组织资源

组织资源指组织在实现既定目标时可调动的所有资源。组织资源是管理活动进行资源配置整合的表现形式，包括新创企业的组织关系、组织机构、组织章程和组织文化等内容。对于新创企业来说，其组织资源还在萌芽阶段，需要创业者不断培育和积累，同时在这个过程中要充分发挥组织资源的作用。大量创业实践证明，绝大多数新创企业的失败都是因为没有有效培育、积累和运用其组织资源。

（六）信息资源

信息资源是新创企业在生产管理过程中涉及的一切资料、文件、数据和图表等信息的总称，就新创企业而言，面对激烈的竞争，更加需要丰富、及时、准确的信息，以争取更多的其他资源。尤其在高速发展的互联网时代，"信息差"往往成为很多企业的法宝。当创业者比其竞争者掌握更多、更前沿的信息时，创业者的发展机会往往也会更多一些。

总之，以上 6 种资源相互作用，共同构成新创企业的创业资源，并在某种程度上决定着新创企业的绩效，进而影响新创企业的成长发展速度。

此外，创业资源也可以从以下角度进行分类。

从资源要素对企业战略规划过程的参与程度来看，创业资源可分为直接资源和间接资源。直接参与企业战略规划的资源如资金、人才、技术、市场等为直接资源；政策资源、信息资源、科技资源这类并未直接参与企业战略的规划，更多是为企业提供便利和支持的资源，可以定义为间接资源。

从资源要素的地位来看，创业资源可分为核心资源和非核心资源。核心资源包括技术、管理和人力资源，这几类资源是企业的核心竞争力，是创业机会识别、筛选和运用的主线。非核心资源包括资金、场地和环境资源。有效吸纳资金，并保持稳定的资金周转率，实现预期盈利目标，有助于创业成功；良好的场地资源可以为企业大幅度降低运营成本等；良好的环境资源意味着在创业过程中，创业的行为、人才供给、融资渠道等方面的便利更多，有助于创业成功。

从资源要素的存在形态来看，创业资源可以分为有形资源和无形资源。有形资源指的是具有物质形态、可用货币衡量的资源，如建筑物、设备、原材料、产品和资金等。无形资源指的是具有非物质形态、无法用货币衡量的资源，如信息、关系、权力、信誉、形象等。新创企业在拥有有形资源如厂房、设备及资金等的同时，也会拥有各种不易计算其价值的无形资源，后者往往是新创企业核心竞争力的主要来源。

从资源要素的控制主体来看，创业资源可分为内部资源和外部资源。内部资源是指创业者或创业团队自身拥有的可以用于创业的资源，如创业者的自有资金、技术和信息、营销网络等。外部资源是指创业者或创业团队从外部获取的各种资源，如从朋友、亲戚、伙伴或其他融资渠道处获取的资金、设备、原材料等，或通过提供未来服务、机会等换取的资源，有些甚至是社会团体或政府资助的管理帮助计划等。外部资源的发现在创业初期起着决定性作用。

四、影响创业资源获取的因素

创业资源获取是新创企业的关键活动。资源获取是在确认并识别资源的基础上，得到所需要的资源并使之为创业服务的过程。成功获取资源决定了把创业设想转化为实际行动和企业组织形式的形成。通常，创业资源获取的影响因素主要有创业导向、创意的商业价值、资源配置方式、创业者的管理能力和创业者的社会网络等。加深对这些影响因素的了解和把握，是获取创业资源的有力保障。

（一）创业导向

创业导向是导致一系列创业行为的态度或意愿。创业导向通过促进机会识别和开发，促进对资源的获取。

创业者应注重创业导向的培育和实施，采取有效的资源获取方式，充分发挥知识资源的促进作用，在动态获取、整合和利用资源的过程中，区分不同资源。

（二）创意的商业价值

评价创意价值的标准很多，但其中最重要的是创意是否满足消费者的需求、创意的市场接受程度及未来发展前景。能满足消费者需求的、市场接受程度高、有良好未来发展前景的创意，才会成为创业者获取资源的杠杆，才能降低创业资源获取的难度。

（三）资源配置方式

资源的异质性、效用的多样性和知识的分散性决定了同样的资源具有不同的效用期望，人们可以根据各自所需，通过市场交换行为来进行资源配置。创业者可通过创新资源配置方式，开发资源的新效用，更好地满足资源所有者的期望，获得资源使用权，开展生产经营活动。

（四）创业者的管理能力

创业者的管理能力包含计划、组织、协调、指挥、沟通、控制、学习等能力，是企业软实力的主要体现。创业者的管理能力越强，获取资源的可能性越大。创业者应通过管理能力获取创业必要资源，为新创企业的进一步发展创造良好环境。

（五）创业者的社会网络

社会资源所有者拥有不同的创业资源。人们对于商业活动的认识受自身所处社会网络和地位的影响，社会网络对于创业资源的获取具有重要意义。在社会网络中处于优势地位的创业者，可以借助较好的社会关系，选择不同的效用需求，针对不同对象，有目的地获取不同资源，为自身进行资源配置方式创新奠定基础。

第二节　创业资源管理

创业离不开资源，创业资源是创业活动中的必要条件，对创业具有重要意义。新创企业在发展过程中对各种资源进行有效的整合利用，是其发展的一大重要因素。创业过程实质上是对各类创业资源重新整合，获取竞争优势的过程，也是创业者对创业资源进行管理的过程。创业资源的获取和整合贯穿整个创业过程。创业者需要有效识别各种创业资源，并且积极借助企业内外部的力量对创业资源进行组织和整合，提升企业的核心竞争力，促进企业成长。

一、创业资源获取途径及技能

俗话说："将军难打无兵之仗。"同样，没有资源，创业者也束手无策，无计可施。掌握创业资源获取的途径，获取丰富而全面的创业资源，有助于创业者更快走向成功。

（一）创业资源获取途径

获取创业资源的途径一般来说分为市场途径和非市场途径两大类。市场途径包括购买、联盟和并购等，非市场途径主要有资源吸引和资源积累等。

具体获取创业资源的途径有以下几个。

（1）通过积极开拓社会资源获取创业资源。社会资源的形式多样，包括亲友、合作伙伴、创业联盟、导师等。创业者及其团队可以通过个人的社会网络等，吸引所需资源并进行资源积累，与资源所有者建立联系，从而获取所需要的资源。社会资源是一种非常有价值的资源，在某种程度上为创业者提供了一种较为廉价的资源获取途径。

（2）通过初创企业的初始资源获取资源。设立企业需要的是初始资源，企业后续的生存、发展需要运营资源。企业如果具有良好的初始资源，就可以不断吸引外界新的资源，并将其与初始资源结合。

（3）有效整合已有资源，最大限度利用资源。创业者利用自身的资源整合能力，可以从外部资源所有者处获取资源的使用权，通过购买、并购和联盟等市场途径获取所需资源，并组合利用从外部环境获得的资源与已获得的内部初始资源，从而提升创业绩效，使企业能够长期生存和发展。例如，对于有共同利益且所掌握的资源存在异质性的创业者或创业团队，创业者可选择联盟的方式来获取所需资源；对占有一定生产型资源（如市场和技术资源等）的企业，创业者可通过披露这些资产的期权价值，利用实物来吸引其他资源提供者，具体做法往往是与资源提供者直接交易或签订期权合同。

另外，资源管理和整合的过程也是创业者能力不断提升、逐渐成长为成熟的创业型人才的过程。对资源不断优化与整合，既可以提升创业者的素质和能力，又能够实现比市场更好的配置效率。

（二）创业资源获取技能

为了获取创业者所需的创业资源，创业者需要培养自身获取资源的技能，即创业者的软实力。在获取资源的过程中，沟通必不可少，沟通能力对于所有创业者而言都是至关重要的软实力。创业者不仅要和创业合作伙伴沟通，还要与员工、投资者、客户等沟通。创业者获取资源的过程就是与资源提供者交流沟通的过程。因此，创业者必须建立一个有效的沟通机制，在与外界交流获取资源的过程中，指派沟通能力较强的成员尽可能获取资源。在企业外部，创业者需要同外界投资者、媒体中介、消费者、供应商等建立有效沟通的渠道，消除利益分歧；在企业内部，创业者要同创业团队、员工进行沟通，留住优秀人才，合理利用现有资源，提升企业绩效。

二、创业资源管理与开发注意事项

新创企业要发展就必须获取多要素资源，在创业资源管理和开发的过程中需要注意以下事项。

（一）获取充足的资金

创业者在创业初期，因为新业务本身不仅没有收益，还需要投入大量资金，所以资金管理对其来说非常重要。创业者可以通过以下方法来解决这个问题：对新项目使用种子资助资金，采取内部风险投资的方式或其他有偿使用资金的方法。

（二）适当分配人才

当创业项目处于种子阶段时，企业主要由少数几个人运作和管理。创业项目一旦进入孵化发展阶段，就必须由得力人才进行规划管理。创业者在组织设计中应以垂直管理原则、独立性原则为主，必须注意企业发展过程中的人才培养，将人才分配到合适的部门当中。

（三）统筹安排工作时间

对于初创企业而言，创业者的工作时间和精力难以保证是一大问题。创业者一般既需要完成当前工作，又需要进行开发工作，工作时间分配经常难以平衡。这就要求创业者必须统筹安排工作时间，保证工作效率和进度。

（四）合理分配营销资源及开拓新市场

创业是一种以市场为导向的活动，市场对新产品的接受程度直接关系到创业成败，但开始时新产品往往很难获得较高的市场关注度。这就要求企业必须集中营销资源，致力于新产品的市场开拓。

（五）筛选有效信息资源

新创企业信息化的最高层次是决策具有前瞻性。对创业者而言，信息是不对称的，只有了解分析竞争对手、政府、行业、合作伙伴、客户等的动态信息，才能做到知己知彼、百战不殆，并且有针对性地抓住机会。

三、创业融资

大学生在创业初期往往面临初始资本投入不足的情况，资金已成为制约大学生自主创业的一大拦路虎，限制着大学生创业活动的开展。创业融资已成为大学生创业的一项重要工作。

（一）创业融资的含义

大多数人对"融资"并不陌生，企业经营离不开资金的投入。从狭义上讲，融资是一个企业资金筹集的行为与过程，也就是说企业根据自身的生产经营状况、资金拥有状况，以及未来经营发展的需要，通过科学的预测和决策，采用一定的方式，从一定的渠道筹集资金，组织资金的供应，以保证企业正常生产需要和经营管理活动需要的理财行为。从广义上讲，融资也叫金融，就是货币资金的融通，是当事人通过各种方式到金融市场上筹措或贷放资金的行为。

创业融资是指创业者为了将某种创意转化为商业现实，通过不同渠道、采用不同方式筹集资金以建立企业的过程。创业融资与其他融资方式相比，其最大的优势就是减少了融资过程中的信息不对称，提高了融资效率。创业融资不是简单地以资金来维持技术，其更深层之处在于实现了资金、技术与管理的结合，建立了一套以绩效为标准的激励和约束机制。

（二）创业融资需求分析

融资是获取创业资源的一个重要渠道，新创企业需要多少融资，需要创业者和合伙人经过全面而详细的测算。

1. 创业资金的需求形式

创业资金的需求形式主要有固定资金、流动资金和发展资金。

（1）固定资金。

固定资金指的是新创企业购置固定资产的资金，例如，购置办公场所和设备、生产机器和设备、交通工具等的资金。这些固定资产的购置需要大笔的资金，而且所需资金的期限也较长。新创企业应主要以租赁的方式来解决办公、生产所需的场地、设备等。

（2）流动资金。

流动资金指的是用来支持企业短期运营所需的资金，包括办公费、工资、差旅费、广告费等。由于新创企业的生产经营规模较小，所需流动资金并不多，因此可以主要通过初期投资和短期借款来解决。

（3）发展资金。

发展资金主要用来进行技术创新、产品开发、市场调研等。新创企业在改进技术、扩大生产规模、研发新产品、调整经营方向时需要大量的发展资金，发展资金可以通过增资扩股或银行贷款来解决。

2. 创业资金的需求期限

创业融资的需求分为短期资金需求和长期资金需求两大类。

（1）短期资金。

短期资金主要用于满足企业的日常性及临时性的资金需要。短期资金可以通过短期借款、商业信用、票据贴现、应付费用、存货抵押贷款等方式来融资。对于新创企业来说，短期融资应主要考虑融资成本的大小、资金来源的可靠性及灵活性。

（2）长期资金。

长期资金具有筹资风险大、资金占用时间长、资金成本高、筹资影响深远、筹资频率低等特点。长期资金的融资以股权融资为主，信贷融资为辅。

3. 计算所需资金

创办一家新企业，首先要确定资金需求。要确定所需资金，应考虑3个方面的问题：企业开办资金、营运资金和创业者个人支出。

（1）企业开办资金。

企业开办资金是指企业创办之初产生的支出。业务一旦开展，产生的费用就不再是开办资金。企业开办资金包括设备成本、初始库存成本、房租和水电费、办理营业执照和各类许可证的费用、某些法律费用、用于开业典礼和广告宣传费用等。

（2）营运资金。

企业自开始营业到产生足够利润以维持企业正常运转之前，都需要营运资金的投入。具体地说，营运资金包括库存成本、铺货费用、广告宣传费用、薪酬、税金、维修费、保险费、房租及水电费等。

（3）创业者个人支出。

这部分包括创业者生活必需的各项支出，包括衣、食、住、行、保险、医疗及必要的社交、娱乐等方面的支出。

（三）大学生创业的融资渠道

为了实现自己的梦想，很多大学生都会选择自主创业，从我国现实情况来看，大学生创业的融资渠道主要有以下几种。

1. 自筹资金

自筹资金主要指创业者的存款，这是新创企业初创时期的一个重要的资金来源。研究发现，70% 的创业者依靠自己的资金为新创企业提供融资。即便是那些具有高成长性的企业，在成立之初也在很大程度上依赖创业者的存款。

2. 亲友资金

亲友资金是新创企业的重要资本来源，尤其是那些项目规模不大、处于初创期的企业，可以借助亲属、朋友的资助顺利开业。创业者可以说服他人通过合资、入股等方式投资，或者通过亲朋好友提供担保的方式获得所需要的资金。由于亲情、友情的关系，这种资金对企业盈利会有更多的耐心。但值得注意的是，虽然从亲朋好友处获得资金相对容易，但与正规渠道借贷一样，这种获取资金的方式也要遵循一定的"游戏规则"，要以契约或法律的形式进行约束，以避免或减少不必要的纠纷。

3. 风险投资

风险投资也称"创业投资"，是指风险投资者寻找有潜力的成长性企业，投资并拥有这些投资企业的股份，在恰当的时候取得高资本收益的一种商业投资行为。风险投资有以下几个前提条件：一是对投资者来说，要有利益可得；二是对创业者而言，愿意以企业股份为永久代价；三是建立一个保证按股份分红的阳光制度。投资者所占新创企业股份的多少是双方谈判的结果，谈判时要考虑的权变因素有投资额度、企业利润的绝对值、预计投资回报率、创业失败的风险率、投资业的行情、投资者的回报期望等。通常投资者占企业股份的上限是 49%，因为如果投资者拥有的股份比例高于 49%，创业者将失去对企业的实际控制权。

就目前的实际情况来看，大多数大学生创业者都为创业资金所困。然而一方面是创业者资金不足，另一方面是那些拥有资金的投资者一直都在叹惜可投资的好项目太少。目前，我国不缺少有钱的企业家，但缺少可投资的好项目。因此，融资的关键是拿出一个好项目。

4. 银行贷款

银行贷款是中小企业最努力尝试的融资渠道，但成功率非常低。据统计，中小企业从银行获得的贷款量不到银行贷款总量的 10%，主要是因为中小企业经营状况的高风险性与银行业的审慎原则相冲突，银行在贷款过程中过于注重抵押物，因此中小企业从银行获得的贷款数量受到很大限制，尤其是缺乏经营历史从而也缺乏信用积累的创业者难以获得银行的信用贷款。

比较适合创业者的银行贷款形式主要有抵押贷款和担保贷款两种。

抵押贷款：借款人以其拥有的财产进行抵押，作为获得银行贷款的担保。

担保贷款：是指借款方向银行提供符合法定条件的第三方保证人作为还款保证的借款方式。当借款方不能履约还款时，银行有权按照约定要求保证人履行或承担清偿贷款连带责任。

银行向个人或企业提供贷款一般有质押、抵押、担保3种条件，而且发放额度由具体担保方式决定，质押、抵押通常很难获得100%的贷款，而担保则要交给担保公司一笔不菲的费用。申请者除了要有稳定的经营收入和按期偿还贷款本息的能力，还必须能够提供银行认可的抵押担保。因此，大学生从银行贷款成功的很少。

5. 政府融资

为了鼓励创业，政府会向创业者和创业投资企业提供资金支持。创业者要善于利用政府扶持政策，从政府方面获得融资支持，如专门针对大学生创业的小额担保贷款，专门针对科技型企业的科技型中小企业技术创新基金，专门为中小企业"走出去"准备的中小企业国际市场开拓资金等。同时，各地政府也出台了相关的政策。

根据中小企业创新项目的不同，创业基金的主要支持方式有贷款贴息和无偿资助两种。

对于大学生创业来说，政府设立创业基金，通过创业计划大赛和个人申请等方式，向大学生创业项目提供资金支持。以政府为主导的大学生创业资金是一种公益资金，旨在促进大学生成功创业。政府愿意为那些有影响、有带动性、社会效益显著的创业项目提供创业资金支持，但是政府创业资金更青睐于针对解决某类社会问题而创办的社会企业的创业项目，这一点应该引起大学生创业者的注意。

政策性贷款一般由政府贴息，贷款成本很低。大学生应充分利用这些优惠条件，为创业获得更多的启动资金。

6. 其他企业资金

企业在生产经营过程中，往往会形成部分暂时闲置的资金，有的企业出于提高资本使用效率、拓宽经营范围、进行战略性投资等考虑，会直接对新创企业进行投资，或者对技术转化成果提供资金支持，或者设立创业投资机构（基金）。有些企业为迅速扩大市场份额，常会采取连锁加盟或结盟代理等方式推出一系列优惠待遇给加盟者或代理商，如免收加盟费，赠送设备，在一段时间内免费赠送原材料，对代理商采用先货后款、延后结款、赊购赊销等办法。这些虽然不是直接的资金扶持，但对缺乏资金的大学生创业者来说，等于获得了一笔难得的资金。

7. 互联网融资

随着互联网的普及与发展，网络金融正在迅猛发展，并创造了新型的互联网融资渠道，如众筹等。

众筹翻译自英文crowdfunding，即大众筹资或群众筹资，由发起人、跟投人、平台构成，是指一种向群众募资，以支持发起的个人或组织的行为。群众募资被用来支持各种活动，包含灾后重建、民间集资、竞选活动、创业募资、艺术创作、自由软件、设计发明、科学研究，以及公共专案等。现代众筹是指通过互联网方式发布筹款项目并募集资金。相对于传统的融资，众筹更为开放，不再把项目的商业价值作为能否获得资金的参考标准。只要是网友喜欢的项目，都可以通过众筹方式获得项目启动的第一笔资金，这就为更多小本经营或创业的人提供了无限的可能。目前，众筹这一融资新形式已经得到快速发展，也是许多年轻的创业者喜爱的获取创业资金的方式。

（四）大学生创业融资误区及应对之策

工欲善其事，必先利其器。大学生创业，需要根据项目、企业发展的需要进行合理的融资。融资不足会影响企业的正常运转，但是融资过度也会带来潜在的风险，如企业规模迅速扩张、财务成本相应增加等。

1. 融资误区

初出茅庐的大学生在初次创业的道路上除了面临社会经验、管理能力等方面的不足外，在创业融资方面也常常走入误区，最终使自己功败垂成。目前，大学生创业的融资误区主要表现在以下 3 个方面。

误区一：急于得到企业启动或周转资金，因小钱让大股份，贱卖技术或创意。有不少核心技术拥有者在企业运营一段时间后，对当初的投资协议深感不满并提出毁约，而这样做的后果只能是在资本市场上失去信誉。

误区二：即便投资者不能提供增值性服务和指导，仍与其捆绑在一起。

误区三：对风险投资不负责任地使用，烧别人的钱圆自己的梦。每一轮融资中的投资者都将影响后续融资的可行性和价值评估。

2. 应对之策

资金作为企业的血脉必不可少，因此融资问题对新创企业来说显得尤为重要。大学生们要想凭借自己的技术或创意获得应有回报，就必须解决好融资问题。针对上述 3 个误区，创业者在融资的过程中需要做好以下工作。

（1）正确评估资产价值。

在制定融资方案之前，要准确评估自己的有形和无形资产的价值，千万不要妄自菲薄，低估了资产的价值。

（2）做好融资方案的选择。

目前现有的融资渠道有很多。多渠道的比较与选择可有效降低融资成本，提高效率。通过上述途径得到的发展资金可以分为两类：资本金和债务资金。其中债务资金（如银行贷款等）不会稀释创业者的股权，而且可以有效分担创业者的投资风险，推荐优先使用。

（3）选择正确的投资者。

只有同自己经营理念相近、业务或能力能够为投资项目提供渠道或指导的投资者，才能有效支撑企业的成长。目前的关键问题是，大学生很难找到投资者，找到一个就像发现了救命稻草一样，根本就没有讨价还价的余地，这样的融资肯定会给后续工作带来很多麻烦。出现这种问题的主要原因是信息不对称，因此创业者一定要加强对融资市场信息的收集与整理，在掌握大量信息的前提下做出最优的选择。

（4）创业者要有道德风范。

创业者和投资者是一个事物的两个面，只有通过企业这个载体，大家才能达到双赢的目标。"烧投资者的钱圆自己的梦"的问题，说到底是企业家的信用问题，怀抱这种思想的人难以成为一个成功的创业者。创业者不仅要提升自身的技术能力，还需要具备企业家的道德风范。

（五）融资计划书

融资计划书是创业企业准备向外融资时必须具备的文件，一份优质的融资计划书可大大提高项目融资的可能性。

1. 融资计划书的主要内容

尽管每一份融资计划书都有各自的特色，但其基本结构大致相同。

第一部分：计划摘要。计划摘要是融资计划书的精华，主要用来吸引投资者的兴趣，要求一目了然，以便投资者能在3～5分钟时间内评审计划并做出初步判断。

第二部分：综述。综述主要包括：企业概述，技术、产品（服务），市场分析，竞争分析，营销策略，投资说明，投资报酬与退出机制，风险分析，人员及组织管理，经营预测，财务规划分析。

2. 融资计划书的写作思路

怎样写融资计划书呢？下面这些问题就是融资计划书要解答的问题。

（1）你的眼光如何？

*　你的远见是什么？

*　你要解决什么问题？对象是谁？

*　你想要成为什么样的人？

（2）你的市场机会是什么？市场有多大？

*　你的目标市场有多大？发展有多快？

*　这个市场有多成熟或多不成熟？

*　你是否有资本成为这个市场前两三名？

（3）你如何介绍你的产品或服务？

*　你的产品或服务是什么？

* 你的产品或服务解决了用户的什么问题？

* 你的产品或服务有什么特别之处？

（4）你的客户是谁？

* 谁是你现在的客户？

* 谁是你的目标客户？

* 你理想的客户是什么样的？

* 谁会付费？

* 介绍一下某个具体用户的例子。

（5）你的价值主张是什么？

* 你给客户提供了什么价值？

* 使用你的产品，客户的投资回收率是什么？

* 你解决了什么问题？

（6）你如何销售？

* 你的销售程序是什么？周期有多长？

* 你的销售和市场方针是什么？

* 你当前的销售链是什么？

（7）你怎么吸引客户？

* 争取一个客户要花费多少钱？

* 在不同时期这个费用是否不同？为什么？

* 客户的永久价值是什么？

（8）你的管理团队有谁？

* 他们有什么经验？

* 你的管理欠缺哪些环节？你有什么弥补计划？

（9）你的收入模式是什么？

* 如何赚钱？

* 怎样才能盈利？

（10）你现在进行到哪一步了？

* 你的技术 / 产品、团队、财务 / 营收等进行到哪一步了？

* 现在进展如何？现状和前景是否更清晰了？

* 你将来的计划是什么？

（11）你的融资计划是什么？

* 你已经得到了什么投资？

* 你希望得到多少投资？其比例如何？

* 你的资金用在什么地方？

* 你的资金可以支持多久？到那时公司是否可以发展到一个重要阶段？

* 你还打算吸引多少资金？什么时候？

（12）你的竞争对手是谁？

* 谁是你当前和潜在的竞争对手？

* 谁有可能和你竞争？谁又有可能和你合作？

* 你的优势和弱点分别是什么？

* 你有什么特殊之处？

（13）你有哪些合作伙伴？

* 谁是你当前和未来的销售或技术合作伙伴？

* 这些合作伙伴有多可靠？

（14）为什么适合有意的投资者？

* 与投资者的方向、经验吻合？

* 与投资者现有的投资组合是互补还是竞争？

（15）其他问题

* 你提出的成功的条件里有哪些还只是假设？

* 有什么因素有可能一夜之间改变你的生意？

* 你的公司的薄弱环节是什么？

3. 完善融资计划书的技巧

在了解了融资计划书的内容之后，还需要掌握以下技巧，只有这样才能让你的融资计划书更加完美。

（1）对融资计划书的论证。

这里主要是指对计划中的项目的可行性和收益率的论证。

（2）了解相关的融资途径。

作为融资人，你应该选择成本低、融资快的融资方式，比如发行股票、证券，向银行贷款，接受入伙者的投资。如果你的项目和现行的产业政策相符，可以申请政府的财政支持。

（3）明确融资计划中的金额分配。

所融资金应该专款专用，以保证项目实施的连续性。

（4）计划资金的偿还。

项目的实施总有个期限，一旦项目开始回收本金，就应该开始对所融的资金进行合理的偿还。

（5）明确融资计划中的利润分配。

要确定项目盈利之后，利润怎样分配。

如果对于以上内容，你和你的融资策划者都掌握了，相信你的这份融资计划书一定会写得很完美。

☞ **随堂讨论问题**

1. 创业资源有哪些特征？

2. 创业资源有哪些类型？

3. 说一说你认为影响创业资源获取的决定性因素是什么。

4. 大学生如果想创业，可以通过哪些途径进行融资？

☞ **作业**

1. 结合实际和自己的理解，谈谈你认为创业成功离不开哪些资源。具体列出这些资源的内容。

2. 基于所选择的创业项目，简要分析你的资源获取途径及资源管理方式。

05 第五章
企业职务分析与企业运营管理

管理学大师彼得·德鲁克为企业赋予的定义是：追求和创造财富的组织。企业由两部分组成，一部分是创造财富的任务，另一部分是负责完成这些任务的人。而企业创造财富的任务一共有六大类型，分别是产品研发、生产服务、市场营销、人力资源、资本财务和综合行政。六大类任务和负责完成每一类任务的人分别匹配组合形成了六大职能部门，即产品研发职能部门、生产服务职能部门、市场营销职能部门、人力资源职能部门、资本财务职能部门和综合行政职能部门。企业的生命力就是这六大职能部门以特定的结构与机制交织循环、精妙整合的结果。

对于创业企业，职务能力至关重要，通过一定阶段的学习与训练，创业者对商业世界和企业体系将有更深刻的认知，创业者的企业职务能力也将得到大幅度的提升。

第一节 企业职务分析

创业者打算进入一个创业领域，必须了解该领域的企业，熟悉企业的职务能力，而这需要从企业职务分析开始。

一、企业职务分析的基本概念及内容

企业职务分析又称企业工作分析，它作为全面了解一项职务的管理活动，是对该项职务的工作内容和职务规范（任职资格）进行描述和研究的过程，即制定职务说明和职务规范的系统过程。

具体地讲，企业职务分析就是全面收集某一职务的有关信息，然后将该职务的任务要求进行书面描述、整理成文的过程。企业职务分析主要从 7 个方面进行：工作内容、责任人、工作目的、工作岗位、工作时间、怎样操作、为何要这样做。

二、企业职务分析相关术语

企业职务分析，会涉及一些常用术语，它们常被人们混淆，因此掌握和了解这些术语对

企业职务分析是十分必要的。

（1）工作要素。工作要素是指工作中不能继续分解的最小动作单位。例如，饭店的迎宾服务工作要素：开门、请客人进来。

（2）任务。任务是指工作中为了达到某种目的而进行的一系列活动，可以由一个或多个工作要素组成。例如，工人给产品贴标签这一任务只有一个工作要素；饭店迎宾员的任务是迎接客人，它包括两个工作要素。

（3）工作。工作就是组织为实现目标必须完成的若干任务的组合。

（4）职责。职责是指任职者为实现一定的组织职能或完成工作使命而进行的一项或一系列的工作。

（5）职位。职位也叫岗位，是指担负一项或多项责任的一个任职者所对应的位置。一般情况下，有多少个职位就有多少个任职者。应该注意的是，职位是以事为中心而确定的，它强调的是人所在的岗位，而不是这个岗位上的人；职位是确定的，而职位的任职者是可以更换的。

（6）职务。职务是由一组主要责任相似的职位组成的，也称工作。在不同的组织中根据不同的工作性质，一种职务可以有一个或多个职位。例如，处长这一职务在不同的部门都有对应的职位。职务具有职务地位和职务位置的双重含义，即在同一职位，职务可以不同，如同是副厂级干部，却分为第一副厂长、第二副厂长等。他们虽然都是副厂级，但职务地位却不同。一个职务也可以有多个职位，如办公室需要两个秘书，即一个职务需要两个或更多职位。一般情况下，职务与职位是不加以区别的。但是，职务与职位在内涵上是不同的，职位意味着要承担任务和责任，它是人与事的有机结合体；而职务是指同类职位的集合体，是职位的统称。例如，行政管理部门的处级干部，职务都是处级干部，但是职位却相当多。一个人担当的职务不是终身制，且一个人对某一职务可以专任，也可以兼任；可以是常任的，也可以是临时的。所以职务是经常变化的，而职位不随人员的变动而变动，它是相对稳定的；职位可以进行分类，而职务一般不进行分类。

（7）职位分类。职位分类是指将所有职位，按其业务性质分为若干职系、职组（横向），然后按责任大小、工作的难易程度和技术高低分为若干个职级、职业等。完成职位分类后，要对每一职位进行准确的定义和描述，并制成职务说明书，以此作为对聘用人员进行管理的依据。

① 职系。职系是指一些工作性质相同而责任大小和困难程度不同的工作。

② 职组。职组是指工作性质相近的若干职系的总和。

③ 职级。职级是分类结构中最重要的概念，是指将工作内容、难易程度、责任大小、所需资格皆很相似的职位划为同一职级。

④ 职业。职业是一个更广泛的概念，它是指在不同的组织中从事相似活动的一系列职务。

职业的概念有较大的时间跨度，处在不同时期、从事相似工作的人都可以被认为具有相同的职业。例如，教师、工人、服务员等都属于职业。

（8）职权。职权是指依法赋予的完成特定任务所需要的权力，职责与职权紧密相关。特定的职责通常被赋予特定的职权，甚至特定的职责等同于特定的职权。例如，企业的安全检查员对企业的安全进行检查，这既是他的职责又是他的职权。

三、企业职务分析的意义

企业职务分析是现代企业人力资源管理必备的职能，它是人力资源获取、整合、保持与激励、控制与调整、开发等职能工作的基础和前提，只有做好了企业职务分析工作，才能有效地完成企业人力资源管理的其他工作。具体来讲，企业职务分析有如下几个方面的意义。

（1）对招聘而言，企业职务分析能为应聘者提供真实的、可靠的企业所需职位的工作职责、工作内容、工作要求和人员的资格要求等信息；同时也为选拔应聘者提供了客观的选择依据，提高了选择的可信度和效率，降低了人力资源选择成本。

（2）对绩效考核而言，企业职务分析能为绩效考核标准的建立和实施提供依据，使员工明确企业对其工作的目标要求，从而减少因考评引起的员工冲突。

（3）对薪酬管理而言，企业职务分析明确了工作的价值，为工资的发放提供了可参考的标准，保证了薪酬的内部公平，减少了员工间的不公平感。

（4）对管理关系而言，企业职务分析明确了上级与下级的隶属关系，明晰了工作流程，为提高工作效率提供了保障。

（5）对员工发展而言，企业职务分析使员工清楚了其工作的发展方向，便于员工制订自己的职业发展计划。

由此可见，企业职务分析是企业人力资源管理最基本的工具之一。

四、企业职务分析的过程

企业职务分析是一个对工作进行全面评价的过程，这个过程可以分为准备阶段、调查阶段、分析阶段、总结及完成阶段。

（一）准备阶段

准备阶段的任务是了解有关情况，建立与各种信息渠道的联系，设计全盘的调查方案，确定调查的范围、对象与方法。

（1）确定企业职务分析的意义、目的、方法与步骤。

（2）以精简、高效为原则，组建包含企业职务分析专家、岗位在职人员、上级主管的工作小组。

（3）确定调查和分析对象的样本，同时考虑样本的代表性。

（4）根据企业职务分析的任务、程序，将企业职务分析分解成若干工作单元和环节，以便逐项完成。

（5）做好其他必要的准备工作。在进行企业职务分析之前，应由管理者向有关人员做出说明，使他们消除对分析人员的不必要的误解和恐惧心理，帮助双方建立起相互信任的关系。

（二）调查阶段

调查阶段是企业职务分析的第二个阶段。这个阶段的主要工作是对整个工作过程、工作环境、工作内容和工作人员等做一个全面的调查，具体如下。

（1）编制各种调查问卷和提纲。

（2）在调查中，灵活运用观察法、访谈法、问卷调查法、工作日志法、关键事件法等不同的调查方法。

（3）根据企业职务分析的目的，有针对性地收集有关工作的特征信息及所需要的各种数据。

（4）重点收集有关工作人员的特征信息。

（5）要求被调查人员对各种工作特征和人员特征的重要性做出等级评定。

（三）分析阶段

分析阶段是对调查阶段所获得的信息进行分类、分析、整理和综合的过程，也是整个企业职务分析活动的核心阶段。这个阶段的具体工作如下。

（1）整理分析资料。对有关工作性质与功能调查所得资料进行整理分析。

（2）创造性地分析、揭示各职位的关键因素。

（3）归纳、总结企业职务分析必需的材料。

（四）总结及完成阶段

总结及完成阶段是企业职务分析的最后阶段。这一阶段的主要任务是在深入分析和总结的基础上，编制工作说明书和工作规范。

（1）根据信息处理结果编制工作说明书，并对其内容进行检验。

（2）召开工作说明书和工作规范的检验会时，将工作说明书和工作规范初稿复印，分发给到会的所有人员。

（3）将草拟的工作说明书和工作规范与实际工作进行对比，以决定是否需要进行再次调查。

（4）修正工作说明书和工作规范；对特别重要的岗位，还应按前面的要求进行再修订。

（5）将工作说明书和工作规范应用于实际工作中，并注意收集应用后的反馈信息，不断完善这两份文件。

（6）对企业职务分析工作进行总结评估，以文件的形式将工作说明书和工作规范确定下来并归档保存，为今后的企业职务分析提供经验。

工作职务说明书和工作规范要定期进行评审，同时要让员工参与企业职务分析的每个过程，和他们一起探讨每个阶段的问题，共同分析原因；需要对其进行调整时，也要让员工加入调整工作。只有让员工亲身体验才能增强员工对企业职务分析的认同，从而在实践中有效进行企业职务分析。

五、企业职务分析的常用方法

企业职务分析的常用方法有观察法、访谈法、问卷调查法、工作日志法、关键事件法等。

（一）观察法

观察法是企业职务分析人员在不影响被观察人员正常工作的条件下，通过观察将有关工作内容、方法、程序、设备、工作环境等信息记录下来，最后将其归纳整理为适合使用的资料的方法。

采用观察法进行企业职务分析时，应力求结构化，根据企业职务分析的目的和组织现有的条件，事先确定观察内容、观察时间、观察位置、观察所需的记录单，做到省时高效。

观察法的优点是获取的信息比较客观和准确，但它要求观察者具备足够的实际操作经验。观察法主要用于标准化的、周期短的以体力活动为主的工作，不适用于工作周期长的、以智力活动为主的工作。使用观察法不能得到有关任职者资格要求的信息。观察法与访谈法可同时使用。

（二）访谈法

访谈法是企业职务分析人员就某一职位与访谈对象按事先拟定的访谈提纲进行交流和讨论的方法。访谈对象包括该职位的任职者、对工作较为熟悉的直接主管人员、与该职位工作联系比较密切的工作人员、任职者的下属。为了保证访谈效果，一般要事先设计访谈提纲并将其交给访谈者，以便其进行准备。

访谈法通常用于企业职务分析人员不能实际参与观察的工作，其优点是既可以获得标准化工作信息，又可以获得非标准化工作信息；既可以获得体力工作的信息，又可以获得脑力工作的信息；同时可以获得使用其他方法无法获得的信息，如工作经验、任职资格等，尤其适用于对文字理解有困难的人。其不足之处是被访谈者对访谈的动机往往持怀疑态度，回答问题时可能有所保留，信息有可能会被扭曲。因此，访谈法一般不能单独用于信息收集，需要与其他方法结合使用。

（三）问卷调查法

问卷调查法是根据企业职务分析的目的、内容等事先设计一套调查问卷，由被调查者填写，再将问卷加以汇总，从中找出有代表性的回答，形成对企业职务分析的描述信息的方法。问卷调查法是企业职务分析中常用的一种方法。问卷调查法的关键是设计问卷，主要有开放式和封闭式两种形式。开放式调查由被调查者自由回答问卷所提问题；封闭式调查则是调查者事先设计好答案，被调查者选择答案。

设计问卷的要求如下。

（1）提问要准确。

（2）问卷设计要精练。

（3）语言要通俗易懂，问题不能模棱两可。

（4）问卷前面要有导语。

（5）问题排列应有逻辑，将能够引起被调查者兴趣的问题放在前面。

问卷调查法的优点是成本低、速度快、调查范围广，尤其适合对大量工作人员进行企业职务分析；调查结果可以量化并用计算机进行处理，以开展多种形式、多种用途的分析。但是，这种方法对问卷设计要求比较高，设计问卷需要花费较多的时间和精力，同时需要被调查者的积极配合。

（四）工作日志法

工作日志法是指任职者按照时间顺序详细记录自己的工作内容和工作过程，然后由企业职务分析人员对其进行归纳、提炼，获取所需工作信息的一种企业职务分析方法。根据不同的企业职务分析目的，需要设计不同的"工作日志"格式，这种格式常常以特定的表格体现。任职者通过填写表格提供有关工作的内容、程序和方法，工作的职责和权限等信息。

（五）关键事件法

关键事件法是通过收集、整理导致某工作成功或失败的典型、重要的行为特征或事件而进行的企业职务分析的方法。

它是由约翰·C. 弗拉纳根开发出来的用于识别在各种军事环境下提高人的绩效的关键性因素的手段和方法。约翰·C. 弗拉纳根认为，关键事件法应对完成工作的关键性行为进行记录，以反映特别有效和特别无效的工作行为。

关键事件法需要专业人员对"关键性事件和行为"进行信息收集、概括和分类；没有提供对工作全方位的描述，主要应用于绩效评价标准和甄选标准的建立，以及员工培训等企业职务分析目的。

第二节 企业运营管理

👁 **案例** **高性能陶瓷材料的绿色制造者**

长期以来，国外在高端技术领域对我国进行了一系列的材料和技术封锁。为了打破国外在高端技术材料领域对我国的封锁，慕瑞新材料团队扎根微波烧结技术，为实现零污染加工贡献中国方案，致力于研发属于我们自己的高性能陶瓷粉体。

郑州航空工业管理学院"慕瑞科技"项目负责人郭少杰介绍道，河南慕瑞新材料有限公司是一家集产品研发、生产、销售、技术服务为一体的创业公司，产品包含纳米氧化锆粉体、高熵陶瓷粉体和微波技术调控服务。自创立以来，团队一直坚持自主创新，迄今为止拥有授权及受理相关专利 13 项，软著使用权 7 项，团队成员发表论文 10 篇，同时为 10 余家企业提供微波技术调控服务。同时，团队多次参加各类竞赛，并获得第五届中国"互联网 +"大学生创新创业大赛铜奖、第十四届"挑战杯"中国大学生创业计划竞赛三等奖等奖项。

对于团队优势及解决的行业痛点，郭少杰分享道，目前团队生产的粉体粒径为 30 纳米，具有高纯、高分散性、高活性的特点，处于国际领先水平；同时，现有工业化生产技术水平不高，目前市场中的粉体烧结更多地采用传统手段，但传统加热方法能源消耗大，而团队采用微波烧结技术，能源节省率可达 97%，相当于每年减排二氧化碳 42503.736 吨（1 吨 =1000 千克）；此外，传统制法污染严重，而微波烧结技术无废水废气产生，更加环保。

"团队主要产品分为 3 类，包括纳米氧化锆粉体、高熵陶瓷粉体、微波技术调控服务。"郭少杰介绍道，"纳米氧化锆粉体的主要应用领域包括航空类、电子类、汽车类、机械类、化工医疗类；高熵陶瓷粉体的应用领域主要有超高温耐火材料和新能源领域；微波技术调控服务则是通过为传统生产企业提供技术升级转型服务，优化技术成果，打造全新行业标准。"

截至 2021 年年底，团队已与包括南京三乐微波技术发展有限公司、洛阳中超新材料股份有限公司在内的 9 家企业签订合作意向协议书，已对 7 家企业提供技术服务。其中，对于洛阳中超新材料股份有限公司，团队利用微波干燥脱水设备及技术，将氢氧化铝制备纯度提高到 99.95%、能耗降低了 83%，使其生产成本平均每吨降低了 105 元。对于德宏森郎热解技术装备有限公司，团队利用微波烧结技术，使其有效转化率达到 31%，产率提升了 67%，能耗降低约 81%，也使引入该技术的设备成本下降了 30% 以上。通过使用团队提供的微波技术调控服务，企业生产成本降低、经济效益增加，同时也符合国家绿色新发展理念。

团队在发展过程中遇到过不少困难，郭少杰分享道："一方面，团队成员之间会相互协调。例如，在研发过程中，许多成员对于团队发展缺乏信心，在工作中积极性也不高。遇到这种情况时，许多试验的推进是比较困难的。为了解决这一问题，我们采取的做法是定期举办团队会议或组织成员团建，以调动大家的积极性。另一方面，研发的过程是枯燥的，我们每天进行的试验很多是重复性的工作，试验会成功也会失败，在枯燥的试验过程中克服消极的心态正是我们所面临的困难，因此，在平时的试验当中，团队成员之间会结伴交流试验心得，以减少试验中的心理压力。"

对于团队未来的发展规划，郭少杰表示，未来1年，公司致力于微波烧结技术的产业化，以微波技术调控服务为拳头产品进入并占领市场；未来3年，团队将继续完善公司服务体系，严控产品质量，加大市场宣传，计划市场占有率每年增长10%；未来5年，公司将实现企业转型，建立工厂，自主产销，以先进、环保的新型粉体填补市场空白；未来7年，公司将利用自身优势成为市场主导者，优化客户结构，加大研究与开发力度，初步建立行业标准；未来10年，公司将通过提升品牌知名度、增加产品附加价值成为具有影响力的龙头企业。

在科学技术更新快捷、产品生命周期收益缩短的时代，产品研发对于企业来说有着至关重要的意义，既是企业生存与发展的需要，也是满足不断变化的市场需求的保证。然而，众多企业投入大量资金研发出来的很多新产品并没有被市场接受。因此必须有效加强产品研发管理，尽量减少新产品研发失败。

一、研发战略选择

产品研发战略是指企业在市场条件下，根据企业外部环境及内部资源条件，为求得企业生存和发展，对企业新产品开发目标、开发路径的总体谋划。研发战略的分析与制定，通常需要通过以下流程进行。

（一）分析营销战略

企业研发战略应服务于企业整体经营战略，以提升核心竞争力为目标，以市场为导向，并与具体企业发展战略相匹配。同时企业研发战略也应该有助于增强企业的核心技术能力，避免轻易涉足企业不熟悉的技术和市场领域。因此研发战略分析与制定过程的第一步，就是分析企业的营销战略，包括企业已经确定的目标市场、企业发展目标和方向等，同时兼顾企业高层决策者的观点。

（二）分析营销环境

产品研发战略制定需要分析企业所处的内外部环境。外部环境分析主要涉及的是企业不可控制的营销环境，包括宏观经济形势、科学技术的发展趋势、有关法律法规、产品生产制造技术、市场竞争状况、消费者状况等，分析的重点是预测市场机会前景，这是影响企业选择产品研发战略的重要因素，如腾讯QQ和微信的研发就是通过把握互联网快速发展的市场机会而获得快速发展的。内部环境分析主要针对的是企业内部的各种可控因素，对产品研发影响最大的内部环境因素包括企业的技术力量、资金实力与研发投入力度。技术力量不同，资金实力不同，能够投入研发的经费不同，所能选择的研发战略就不同。

（三）制定研发战略

制定研发战略是为了指导企业的研发活动，以实现企业的长期发展目标。制定研发战略的步骤如下。

（1）确定企业的长期目标：首先，明确企业的长期发展目标和愿景，了解企业希望在未来几年内实现的战略目标和竞争优势是制定研发战略的基础。

（2）了解市场需求与竞争环境：进行市场和竞争环境分析，评估市场需求和趋势，以及竞争对手的优势和不足。通过这些分析，确定企业的研发重点和方向，以满足市场需求并与竞争对手保持竞争力。

（3）识别关键技术和创新领域：确定企业在技术和创新方面的优势和潜力。通过分析现有技术水平，了解技术趋势和新兴技术，以寻找创新机会和关键技术领域。

（4）确定资源投入和研发预算：根据企业的财务状况和可行性，制定研发预算，并分配资源到研发项目上。考虑到研发的风险和回报，确保投入的资源能够实现企业的研发目标。

（5）建立研发团队和合作伙伴关系：组建具有相关技能和经验的研发团队，确保团队能够胜任研发项目的任务。同时，建立合作伙伴关系，获取外部专业知识和资源，推动研发工作的创新和进展。

（6）设定研发里程碑和绩效评估机制：制定可衡量的研发目标和里程碑，以便跟踪和评估研发项目的进展。建立有效的绩效评估机制，以帮助评估研发战略的有效性和项目的质量。

（7）持续监测和调整：研发战略是一个动态的过程，需要持续监测市场和技术环境的变化，并及时调整战略。根据市场反馈和内部评估，进行战略优化和改进，以确保研发战略的持续有效性。

综上所述，制定研发战略需要综合考虑企业目标、市场需求、技术趋势和资源投入等因素，并建立适当的组织和绩效评估机制，以推动企业的创新和持续发展。

二、研发过程管理

产品研发是一个不断试错、不断探索、不断迭代、不断优化的过程，加强产品研发过程管理，有利于提高研发效率和研发质量。产品研发过程管理应重点把握好以下5个关键环节。

（一）新产品构思及筛选管理

产品的研发过程是从产品的构思开始的。产品研发构思的初始来源可能是消费者、竞争者、中间商、营销人员、科研人员、策划公司、科研单位等，比如消费者对现有产品不能很好地满足其需求的抱怨及优化产品设计的建议，竞争者产品对于企业产品改进的启发，中间商和营销人员在产品营销过程中的问题分析与改进设想，科研机构推出了能够改变现有产品的新技术、新材料，等等。创新型企业需要不断寻找产品研发的构思。虽然并不是所有的构思最终都能演化成产品，但是没有新颖而可行的构思就不可能成功推出新产品。在有大量产品构思的基础上，企业需要对这些构思进行分析和筛选，将比较可行的构思挑选出来，将其进一步发展成产品概念并做进一步的研究。

（二）新产品研发可行性分析

当企业将构思发展成产品概念以后，就需要对新产品概念及其研发可行性进行分析。产品概念的可行性分析主要从目标市场的接受性、技术实现的可行性、量产投资的效益性3个方面依次进行。

目标市场的接受性是指产品概念必须能够被市场接受，能够为市场带来价值，得到市场的认可，具有一定规模和一定持续时期的市场需求。技术实现的可行性是指对于市场能够接受的产品概念，企业有技术能力将其开发出来。量产投资的效益性是指开发出来的产品量产以后，所投入的研发成本、生产成本、营销成本等能够通过市场回收并能获得盈利。

只有能够通过这3项可行性严格分析的产品概念，才具备立项研发的价值，否则即使有技术能力将产品研发出来，也无法给企业带来新的利润增长点，反而会耗费大量的研发资金与营销成本。例如，宝洁公司曾经在中国推出的第五个洗发水品牌"润妍"，在耗费了大量资源，花费了长达3年的时间进行市场调研和产品研制后，最终被市场证明是一个失败的新产品。在互联网创业大潮中，很多项目失败的根源就在于没有找到市场的真正需求，找到的是被各种补贴政策刺激出来的短暂的"伪需求"。

（三）新产品研发设计管理

产品概念通过可行性分析以后，企业技术部门应配置经费、人员、场地和设备，立项开展研发，将产品概念转化成现实产品。产品研发主要是企业技术人员的专业性与创新性工作，因此对于研发部门的管理应有别于对于其他职能部门的管理，研发部门通常会被赋予较高的自由度与自主权，以尊重技术人员创新性工作的特殊性，激发技术人员的工作积极性和创造性。但是也不能完全任由技术人员闭门造车，需要企业的市场营销、生产制造等部门参与技术研发工作，了解技术研发进程，从而实现产品研发工作的顺利开展。在研发过程中，甚至可以实施开放性研发，在不泄露商业机密的情况下，利用互联网创客平台实现产品共创开发，通过用户参与产品研发来优化产品性能。

（四）新产品研发成果鉴定

新产品研发成果鉴定是指对研发出来的新产品的性能、质量、工艺水平等所做的鉴定评价工作，是新产品研制过程的最后一个环节，也是新产品市场试销和正式上市的前提，具体的鉴定方式包括企业内部鉴定、用户鉴定、行业与国家鉴定、新产品的试运行等。

企业内部鉴定是指由企业内部相关的技术人员、生产人员、营销人员等组成鉴定小组，并邀请有关科研机构或产品潜在用户参与，对新产品进行鉴定工作。基本上每种研制的新产品都需经过企业内部鉴定，而且其鉴定的参考标准往往高于行业与国家鉴定的标准。用户鉴定是指将新产品交由最终用户进行的鉴定，一般只针对那些大型的生产资料类产品。很多新产品（如食品、医药类产品等）在正式投放市场前，还必须进行行业与国家鉴定，此种鉴定属于法定鉴定，鉴定标准是新产品必须达到的最低标准。对于没有此项要求的新产品只需进行内部鉴定。最后，当所有的鉴定皆通过以后，企业还有必要把新产品投入真实使用环境中试运行一段时间。新产品的试运行不同于市场试销，其目的是在实际使用状态中更好地检验新产品的技术性能。

（五）新产品市场试销管理

企业研发出的新产品在正式上市之前，往往需要先行开展市场试销，其目的在于通过市场试销了解消费者和中间商购买和使用此新产品的实际情况，以及在新产品营销过程中有可能出现的某些问题。市场试销的效果通常是企业确定新产品是否正式上市及何时上市的重要依据，同时也为新产品本身的完善和营销策略的改进提供启示。正式上市即正式向市场推出试销成功的新产品，此阶段企业运作的好坏将直接决定市场对新产品的认知程度和接受程度，因此企业往往会综合考虑新产品的上市时机与上市区域的合理性、目标市场选择的科学性，并制定配套的营销组合策略来配合新产品上市。

三、企业营销管理

营销管理是企业经营管理的重要组成部分，是企业为实现经营目标，对建立、发展、完善与目标顾客的交换关系的营销方案进行分析、设计、实施与控制。营销管理的具体内容包括选择目标市场、进行市场定位、设计市场营销组合等。

（一）目标市场

目标市场是企业组织打算服务的子市场。企业在对整体市场进行细分之后，要对各细分市场进行评估，然后根据细分市场的市场潜力、竞争状况、本企业资源条件等多种因素决定把哪一个或哪几个细分市场作为目标市场。企业接下来就要选择细分市场并为之提供产品或服务，这就是目标市场的选择。企业在营销能力和资源方面的优势都十分有限，选择目标市场时必须量力而行，且所选市场必须具有足够的吸引力，企业也要有能力满足市场需求。

1. 选择目标市场的标准

在评价和分析各细分市场特性的基础上，企业应确定最适宜的目标市场。

一般来说，企业所选择的目标市场应符合3个标准。

（1）目标市场必须与企业拥有的资源相匹配。企业需要考虑以自己的资源和能力，在目标市场上是否具有竞争优势。企业在评估细分市场的过程中，也要评估企业的内部环境和资源要素，选择力所能及的目标市场。如果企业的资源比较有限，则可以考虑避开现有的竞争对手所占据的市场，寻找空白市场或市场的空白点。

（2）目标市场必须具有一定的容量和发展前景。对创业者来说，市场容量就是市场规模，也就是创业者从目标市场所获得的业务量。如果市场规模太小，会制约企业的后续发展，所以企业要选择具有一定容量的市场。市场的发展前景也十分重要。具有发展潜力的市场对创业者来讲是极具吸引力的，那些眼下获利较多、极有诱惑力的市场很可能正在衰退，因此看一个市场要看前景，绝不能仅看当下的状态。

（3）目标市场必须与企业的战略目标一致。有些细分市场虽然有吸引力，但与企业的战略目标不一致，因而也不能为企业所选择。创业者应注意区分短期利益和长远目标，根据企业的战略目标来选择目标市场。比如，企业实施成本领先战略，以价格作为主要的竞争优势，那么所选的目标市场就可以是大众人群，而非仅仅是高收入群体。

2. 选择目标市场的模式

（1）密集单一市场。密集单一市场，即指企业选择一个细分市场，集中营销。企业在以下情况中可选择密集单一市场：企业已经具备在该细分市场发展所必需的条件；企业资源有限，企业只能在一个细分市场经营；企业在该细分市场中没有竞争对手；该细分市场刚进入成长期。

企业通过密集营销，更加了解某一细分市场的需要，通过树立一定的声誉，可以在该细分市场建立稳固的市场地位；而企业通过生产、销售和促销的专业化分工，也可以获得许多经济效益。如果细分市场选择得当，企业的投资便可获得很高的收益。但是，密集单一市场营销风险很大，因为它的目标市场范围小、品种单一，如果目标市场的顾客需求和偏好发生变化，企业就可能因应变不及时而陷入困境。同时，当强有力的竞争者进入目标市场时，企业就会受到严重影响。这使许多企业为了规避风险，选择在若干个细分市场分散营销。

（2）有选择的专门化。企业采用此法选择若干个细分市场，其中每个细分市场在客观上都有吸引力，并且符合初创企业的目标和资源，各细分市场之间少有或者根本没有任何联系，每个细分市场都有可能盈利。这种多细分市场覆盖优于单细分市场覆盖，因为这样可以分散企业的风险，即使某个细分市场失去吸引力，企业仍可继续在其他细分市场盈利。

（3）产品专门化。企业集中生产一种产品，并向各类顾客销售这种产品。例如，显微镜生产商只向实验室销售显微镜，而不去销售、生产实验室可能需要的其他仪器。企业通过这种策略，在某种产品方面树立很高的声誉。当然，如果产品被一种全新的产品代替，企业就会有效益下降的风险。

（4）市场专门化。市场专门化是指企业专门为满足某个顾客群体的各种需要服务，如某企业专为大学提供一系列产品，包括显微镜、示波器、本生灯、化学烧瓶等。企业采用这种模式，有助于发展和利用与顾客之间的关系，降低交易成本，并在顾客中树立良好的形象。当然，一旦顾客的购买力下降，企业的收益就会受到较大影响。上述案例中，如果大学实验室突然削减预算，就会减少从这个企业购买仪器的数量，使企业面临销量下降的风险。

（5）完全市场覆盖。完全市场覆盖是指企业用各种产品满足各种顾客群体的需求。只有大企业才能采用完全市场覆盖策略。

对于初创企业而言，前4种模式较为适用，第5种模式适用于有较强竞争力的大企业。

（二）市场定位

进行市场细分和确定目标市场后，企业面临的新问题就是市场定位，即全面了解、分析竞争者在市场中的位置后，确定产品如何接近顾客、面向哪些市场。因此，市场定位是指确定一种产品在市场上的适当位置。这种位置取决于与市场上现有的产品相比，顾客如何看待或认识企业的产品。企业应通过市场定位塑造出产品与众不同的鲜明个性或形象，并将其传递给目标顾客，使该产品在细分市场上占有强有力的竞争位置。

因此，市场定位是企业营销管理的核心，只有顾客明显地感觉和认识到产品的差别，企业的产品才会在顾客心目中占有一定的位置，才能给顾客留下深刻的印象。企业在创立之初就要认真研究市场机会，拓展产品和市场的边界，从广阔的行业市场中寻找最合适的顾客群体。创业者首先必须明白自己究竟要从事什么行业，生产什么产品或提供什么服务。初创企业要充分突出产品或服务在市场上的新颖性、差异性和价值性。只要创业者找准定位，就一定能够成功地在市场上明确自身存在的价值，展示特色与风采，受到顾客的认可与青睐。

1. 市场定位的原则

各个企业经营的产品不同，面对的顾客不同，所处的竞争环境也不同，因而市场定位所依据的原则也不同。总的来讲，市场定位的原则有以下3个方面。

（1）根据产品特点定位。初创企业首先要了解市场上现有竞争者的产品或服务的特点，其次要了解顾客对某类产品的各种属性的重视程度。构成产品特点的许多因素可作为市场定位的原则，但对于初创企业来说，还需要考虑自身的条件和资源，因为有些产品属性虽然是顾客比较重视的，但如果企业力所不及，也不能形成有效的市场定位。

（2）根据顾客利益定位。市场定位的出发点就是满足顾客需求，产品提供给顾客的利益是顾客最能切实体验到的，顾客利益也可以作为市场定位的依据。企业市场定位的主要任务是提高产品价值，并且从满足顾客需求的角度寻求自身特色和优势。例如58同城在创立之初便专注于为普通消费者解决生活问题，其核心价值便是用户第一，倡导做真正能够解决百姓生活问题的事情，让用户可以找到合适的房子、理想的工作及其他需要的生活信息等。

（3）根据顾客类型定位。企业将产品指向某一类特定的顾客，以便根据这些顾客的看法塑造恰当的形象。企业将顾客根据个体差异划分为不同类型，在营销活动中只为其中的一类或几类顾客服务。

2. 市场定位的误区

大多数创业者都具有市场定位的意识，也极力主张产品或服务的差异化，并为目标顾客推出多重利益。但是，创业者在为其产品推出较多的优越性时，很容易陷入定位误区，从而失去有效、明确的定位。一般而言，创业者应避免以下3种主要的定位错误。

（1）定位过低。有些创业者没有深入地评估产品的价值，没有了解顾客对产品真正看重的利益，进而导致产品的卖点不能很好地吸引顾客。这种定位过低导致顾客对产品只有一个模糊的印象，没有发现其特色。

（2）定位过多。虽说单一的定位不一定总是最佳选择，但是定位也并非越多越好。定位一旦过多，就会造成顾客对产品的印象模糊不清，与无定位一样。顾客面对多定位也会导致购买动因不明确。初创企业要避免将产品设置成有多重概念，主张多种利益，以免误导顾客。

（3）定位变化过于频繁。有的时候，顾客会对某企业的定位感到混乱，这种混乱主要源自企业定位变化过于频繁。尤其是初创企业面对多变的市场经常会改变初始定位。创业者应该意识到，产品价值的传播和企业形象的树立需要花费一定的时间慢慢积累，定位是否成功同样需要时间的检验。当市场反应不如意时，不应马上改变定位，而是要全面分析，找出原因，如果发现确实是市场定位的问题再进行调整。

（三）市场营销组合

1. 市场营销组合的含义

市场营销组合是企业市场营销战略的一个重要组成部分，是指企业在选定的目标市场上，根据顾客的需求和企业的营销目标，综合考虑环境、自身能力、竞争等状况确定的企业可以控制的营销因素的最佳组合。企业通过营销组合组成一个整体策略并加以综合运用，以实现预期目标。初创企业在开展市场营销活动时，需要把握基本性措施，对其合理组合，充分发挥整体优势和效果。

2. 市场营销组合模式

市场营销组合是企业制定营销战略的基础，是企业满足顾客需求和应对市场竞争强有力的手段，也是企业合理分配营销费用的重要依据。营销组合在企业经营过程中的重要性受到国内外企业的重视。

四、企业人力资源管理

"人力资源"的概念最早出现在 1954 年彼得·德鲁克的《管理的实践》一书中。彼得·德鲁克认为，人力资源拥有当前其他资源所没有的素质，即协调能力、融合能力、判断力和想象力。经理们可以利用其他资源，但是人力资源只能自我利用——人对自己是否工作绝对拥有完全的自主权。彼得·德鲁克对"人力资源"概念的提出，人事管理理论和实践的发展，以及后工业时代中员工管理的不适应，使人事管理开始向人力资源管理转变。

（一）人力资源与相关概念

生活中，易与人力资源混淆的概念有人口资源、人才资源、人力资本，它们的区别如下。

1. 人力资源和人口资源、人才资源

人口资源是指一个国家或地区所拥有的人口总量。它是最基本的资源，一切人力资源、人才资源皆产生于这种最基本的资源中，主要表现为人口的数量。

人才资源是指一个国家或地区中具有较多科学知识、较强劳动技能，在价值创造过程中起关键或重要作用的那部分人。人才资源是人力资源的一部分，即优质的人力资源。应当说，人力资源、人口资源和人才资源这 3 个概念的本质有所不同，人口资源和人才资源的本质是人，而人力资源的本质则是智力和体力，从本质上来讲，它们之间并没有什么可比性。就人口资源和人才资源来说，它们关注的重点也不同，人口资源更多的是一种数量概念，而人才资源更多的是一种质量概念。在数量上，人口资源是最多的，它是人力资源形成的数量基础，人口资源中具备一定智力资本和体能的那部分才是人力资源；而人才资源又是人力资源的一部分，是人力资源中质量较高的那部分，是具有特殊智力资本和体能的人力资源，也是数量最少的人力资源。

2. 人力资源和人力资本

人力资源和人力资本是容易混淆的两个概念，很多人甚至将它们混用，其实这两个概念是有一定区别的。

"人力资本之父"西奥多·舒尔茨认为，人力资本是劳动者身上所具备的两种能力，一种是通过遗传获得的能力，是由个人的基因决定的；另一种是后天获得的能力，由个人经过努力学习而形成，而读写能力是任何民族人口的人力资本质量的关键成分。人力资本这种体现在具有劳动能力（现实或潜在）的人身上的、以劳动者数量和质量（即知识、技能、经验、体质与健康）表示的资本，是需要通过投资才能够获得的。

人力资源有广义和狭义之分。广义的人力资源是指在一个国家或地区中，具有劳动能力的人口之和。狭义的人力资源指一定时期内组织中的人所拥有的能够被企业所用，且对价值创造起贡献作用的知识、能力、技能、经验、体力等的总称。

（二）人力资源规划

人力资源规划是新创企业发展中一项非常重要的工作。创业者在创业过程中需通过实践深入了解人力资源规划的含义、作用和内容等具体知识，做好人力资源规划。

1. 人力资源规划的含义

人力资源规划又称人力资源计划，是指在组织发展战略和经营规划的指导下，预测和分析员工的供需平衡，以满足组织在不同发展阶段对员工的需求，为组织的发展提供符合质量和数量要求的人力资源保证。简单来说，人力资源规划是指对组织在某个时期的员工的供给与需求进行预测，并根据预测的结果采取相应的措施来平衡人力资源的供需。

2. 人力资源规划的作用

人力资源是连接组织战略和人力资源管理具体措施的纽带，具有承上启下的作用。具体来讲，人力资源规划有以下 4 个突出功能。

一是组织战略目标实现的保障。人力资源规划是组织的战略目标在人力资源供需（包括数量、质量和结构）等方面的分解，与组织在其他方面的规划，如生产计划、营销计划、财务计划等共同构成组织目标体系。

二是组织人力资源管理的基础。人力资源规划规定了组织在人力资源管理方面的具体行动方案，是组织人力资源管理的基础。人力资源规划的各项业务计划为工作分析提供依据，是员工配置的基础，可以引导组织有针对性地进行人员储备，能够对组织急需的人才发出引进和培训预警，为员工职业发展道路的设计提供依据。

三是有助于调动员工的积极性。在人力资源规划制定与实施的过程中，员工可以看到组织的发展远景和自己的发展前景，可以据此规划自己的职业生涯，确立职业发展方向，从而有助于调动积极性。

四是组织控制人工成本的手段。随着组织的不断成长和壮大，人工成本必定也不断变化。通过人力资源规划，预测和控制组织人员的变化，逐步调整组织人员的结构，使之尽可能合理化，就可以把人工成本控制在一个合理的水平上。

3. 人力资源规划的内容

人力资源规划有狭义与广义之分。狭义的人力资源规划是指组织从战略规划和发展目标出发，根据其内外环境的变化预测组织未来发展对人力资源的需求，以及为满足这种需求所提供的人力资源的活动过程。简单地说，狭义的人力资源规划即进行人力资源供需预测并使之平衡的过程，实质上是对组织各类人员的补充规划。广义的人力资源规划是组织所有人力资源计划的总称。

人力资源规划包含两个层次的内容：人力资源总体规划与各项业务计划。人力资源总体规划是对有关计划期内人力资源开发利用的总目标、总政策、实施步骤和总预算的安排。人力资源各项业务计划则包括人员补充计划、人员使用计划、升职与降职计划、教育培训计划、薪资计划、劳动关系计划、退休解聘计划等。

（三）人力资源招聘

伴随创业者创业目标的明朗和市场的拓展，客户不断积累，团队人手开始变得不够，创业者就需要开展人力资源招聘活动，广纳贤才。

1. 人力资源招聘的意义

人力资源招聘是组织补充人力资源的基本途径。组织的人力资源状况处于变化之中，组织内人力资源向社会的流动、组织内部的人事变动（如升迁、降职、退休、解雇、死亡、离职等）等多种因素导致了组织人员的变动。同时，组织有自己的发展目标与规划，组织成长的过程也是人力资源拥有量的扩张过程。上述情况意味着组织的人力资源需要经常补充。因此，通过市场获取所需人力资源成为组织的一项经常性任务，人力资源招聘也就成了组织补充人员的基本途径。

人力资源招聘有助于打造组织的竞争优势。现在的市场竞争归根到底是人才的竞争。一个组织拥有什么样的人才，就在一定意义上决定了它在激烈的市场竞争中处于何种地位。而组织对人才的获取是通过人力资源招聘这一环节来实现的。因此，招聘工作能否有效地完成，对提升组织的竞争力、绩效及实现发展目标均有至关重要的影响。从这个角度说，人力资源招聘是组织打造竞争优势的基础环节。对于获取某些实现组织发展目标急需的紧缺人才来说，招聘更具有特殊的意义。

人力资源招聘有助于组织文化的建设。招聘过程中信息传递的真实与否直接影响着应聘者进入组织以后的流动性。有效的招聘既能使组织得到所需人员，同时也为人员的保持打下基础，有助于减少由于人员流动过于频繁而带来的损失，并有助于营造组织内的良好气氛，如能增强组织的凝聚力，提高士气，增强人员对组织的忠诚度等。

2. 招聘人员的选择

在组织进行招聘的过程中，应聘者是与招聘人员接触而不是与组织接触，而且招聘活动是应聘者与组织的第一次接触。在对组织的特征了解甚少的情况下，应聘者会根据组织在招聘活动中的表现来推断组织其他方面的情况。因此，招聘人员的选择是一项非常关键的人力资源管理决策。

一般来说，招聘人员除了包括组织人力资源部门的代表以外，还可以包括直线经理人等。应聘者会将招聘人员作为组织的一个窗口，由此判断组织的特征。因此，招聘人员的表现将直接影响应聘者是否愿意接受组织提供的工作岗位。那么，这些"窗口人员"什么样的表现能够提升应聘者的求职意愿呢？有研究显示，招聘人员的个人风度是否优雅、知识是否丰富、办事是否干练等因素都直接影响着应聘者对组织的感受和评价。

3. 招聘流程介绍

招聘是指企业为了发展，根据人力资源战略规划和工作分析的要求，寻找、吸引那些有能力又有兴趣到该企业任职的人员，并从中选出适宜人员予以录用的过程。

根据上述定义，招聘首先是一项系统性工作，需要在人力资源战略规划指导下，构建满足企业发展需要的招聘体系。因此，开展招聘工作必须制定明确、清晰的招聘流程，企业招聘流程示意图如图5-1所示。招聘流程一方面可指导相关人员的工作，另一方面也能够使应聘者熟悉招聘的过程，使双方能够按照流程做好充分的准备工作。

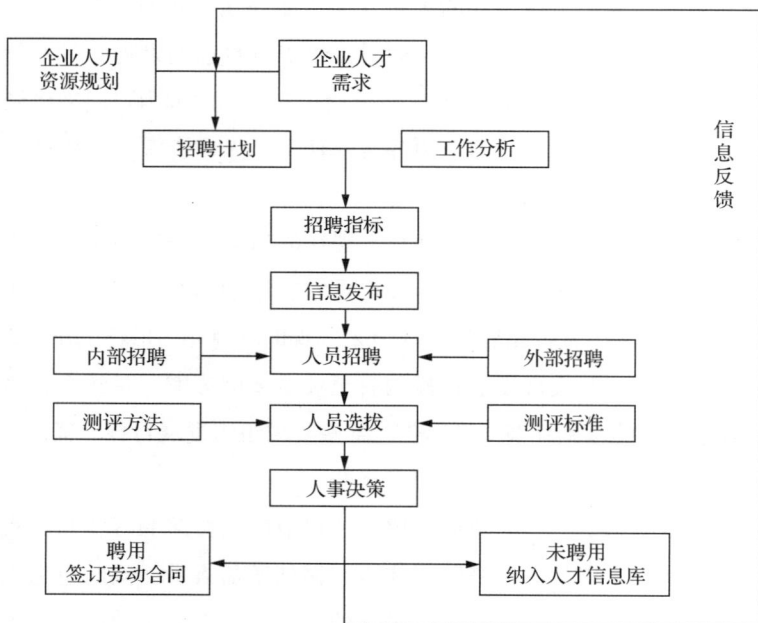

图5-1　企业招聘流程示意图

4. 员工培训与开发

（1）培训与开发的概念。现代人力资源管理的目的就是最大限度地发挥员工能力，提高组织绩效。在人力资源管理理论中，培训与开发是两个既有区别又有联系的概念。

培训与开发是指为了使员工获得或改进与工作有关的知识、技能、动机、态度和行为，有效提高员工的工作绩效并帮助员工对企业战略目标作出贡献，组织所做的各种有计划的、系统的努力。

（2）培训与开发的组织结构。企业规模、所属行业与发展阶段的不同，决定了培训与开发的组织结构也不同，其主要模式有学院模式、客户模式、矩阵模式、企业大学模式、虚拟模式 5 种，各类培训与开发组织结构的特点如表 5-1 所示。

表 5-1　各类培训与开发组织结构的特点

模式	如何组织	优点	不足之处
学院模式	培训部门将由一名主管会同一组对特定课题或在特定的技术领域具有专业知识的专家来共同领导	1. 培训人员是该培训领域内的专家 2. 培训部门计划由人事专家拟定	1. 可能没有意识到经营问题 2. 可能会导致受训者失去学习的动力
客户模式	根据客户模式组建的培训部门负责满足企业内某个职能部门的培训需求	能够使培训项目与经营部门的特定需要一致	1. 要花费相当多的时间来研究经营部门业务职能 2. 大量涉及类似专题的培训项目是由客户开发出来的
矩阵模式	同时向培训部门经理和特定职能部门的经理汇报工作的一种模式。培训者具有培训职责	1. 有助于将培训与经营需要联系起来 2. 受训者可以通过了解某一特定经营职能而获得专门的知识	培训者将会遇到更多的指令和矛盾冲突
企业大学模式	客户群不仅包括雇员和经理，还包括企业外部的相关利益者，如社区大学、普通利益者	1. 企业一些重要的文化和价值观将在企业大学的培训课程中受到重视 2. 保证了在企业某一部门内部开展的有价值的培训活动可以在整个企业进行推广 3. 企业大学可以通过开发统一培训实践与培训政策来控制成本	费用高昂
虚拟模式	利用电子网络和多媒体技术组织	具有即时性，没有场地限制	缺少人性化交流

（3）战略性人力资源管理对培训的内在要求。战略性人力资源管理是指企业为实现目标所进行和采取的一系列有计划、具有战略意义的人力资源部署和管理行为。企业战略与培训战略的匹配如表 5-2 所示。

表 5-2　企业战略与培训战略的匹配

基本战略	通常需要的基本技能和资源	基本组织要求	人力资源战略	培训战略
成本领先战略	1. 持续的资本投资和良好的融资能力 2. 工艺加工技能 3. 对工人严格的监督 4. 所设计的产品易于制造 5. 低成本的分销系统	1. 结构分明的组织和责任 2. 以满足严格的定量为基础的激励 3. 严格控制成本 4. 经常提供详细的控制报告	1. 严格的工作划分，明确细致的工作责任 2. 严格监督和控制 3. 简单招聘、甄选、测试，强调应聘者纪律和服从 4. 低于或等于平均薪酬水平 5. 不提供培训或提供少量培训	1. 强调纪律和服从 2. 强调效率优先和成本优先 3. 标准化的操作训练和指导 4. 在实干中学习
差异化战略	1. 强大的生产营销能力 2. 产品加工 3. 对创造性的鉴别能力 4. 很强的基础研究能力 5. 质量或技术上领先公司声誉 6. 在产业中有悠久传统或从其他业务中得到独特技能组合 7. 得到销售渠道的高度合作	1. 在研究与开发中，产品开发和市场营销部门之间的密切合作 2. 重视主观评价和激励，而不是定量指标 3. 以轻松愉快的氛围吸引高技能工人、科学家和创造性人才	1. 广泛的工作划分，模糊的工作责任 2. 强调自我监督和同事监督 3. 严格的招聘、甄选、测试，强调应聘者创新精神和学习能力 4. 上司、多主体同时考核 5. 高于或等于平均薪酬水平 6. 提供系统培训或提供大量的培训，激励员工学习与成长	1. 强调文化与创新 2. 强调创新效率优先 3. 各个职能与专业知识的广泛培训 4. 脱产培训 5. 学习环境建设，创建学习型组织
集中战略	针对具体战略指标，由上述各项组合构成	针对具体战略指标，由上述各项组合构成	针对具体战略指标，由上述各项组合构成	针对具体战略指标，由上述各项组合构成

5. 绩效管理

（1）绩效管理的概念与层次。

人们应该以系统和发展的眼光来认识和理解绩效的概念。管理大师彼得·德鲁克认为："所有的组织都必须思考'绩效'为何物，这在以前简单明了，现在却不复如是。在战略的制定中，都应该以系统和发展的眼光来认识和理解绩效的概念。"如果不能明确界定绩效，就不能有效地对其进行评价和管理。因此，作为绩效管理的逻辑起点，对绩效的概念进行确切的定义和深入的理解是至关重要的。

一般意义上，绩效指的是工作的效果和效率。组织通常由若干个群体组成，而群体又由员工组成。对应不同层面的工作活动主体，相应地也就产生了不同层面的绩效。简而言之，绩效是组织期望的为实现其目标而展现在不同层面上的能够被组织评价的工作行为及其结果。因此，需要明确的是，绩效是分层次的。按照被衡量行为主体的多样性，绩效可以从组织架构层次角度划分为组织绩效、群体绩效和个人绩效，如图 5-2 所示。组织绩效是组织的整体绩效，指的是组织任务在数量、质量及效率等方面的完成情况。群体绩效是组织中以团队或部门为单位的绩效，是群体任务在数量、质量及效率等方面的完成情况。个人绩效是个人表现出来的能够被评价的与组织及群体目标相关的工作行为及结果。图5-2所示绩效的3个层次中，组织绩效、群体绩效和个人绩效之间层层递进，紧密相连。组织绩效是绩效体系的最高层次和总体目标，组织绩效的提高需要全员参与和协同作战，需要员工的共同努力和支持，而员工的个人绩效表现会直接影响到组织中所有员工的群体绩效，员工群体绩效影响企业的组织绩效水平。因此，组织绩效、群体绩效和个人绩效之间是相互促进、相互关联的。

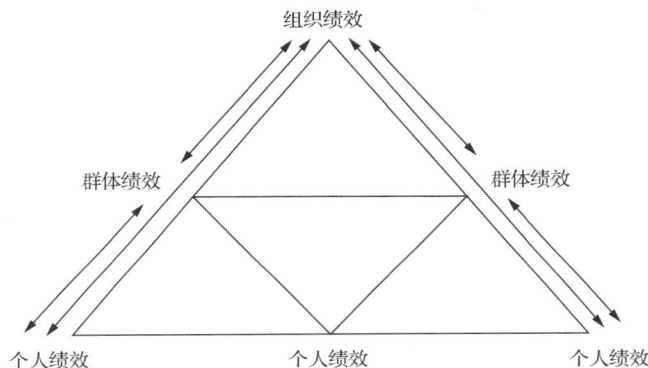

图5-2　绩效的3个层次

（2）绩效管理的内容。

对于绩效管理，人们往往把它等同于绩效考核，认为绩效管理就是绩效考核，两者并没有什么区别。其实，绩效考核只是绩效管理的一个组成部分，最多只是绩效管理的一个核心的组成部分，代表不了绩效管理的全部内容。完整意义上的绩效管理是由绩效计划、绩效跟进、绩效考核和绩效反馈4个部分组成的一个系统。

五、企业财务管理

财务管理的对象是资金运动，包括筹资管理、投资管理、营运资金管理、利润分配管理。资金运动指的是资金的形态变化或位移。在市场经济条件下，资金只有通过不断运动才能实现增值的目的。

（一）财务管理的基本概念

企业生产经营过程中的资金不停地流转变化，这便是资金运动，也就是企业财务活动。通俗地说，对企业财务活动进行的计划、组织、控制、协调与考核，就是财务管理。财务是理财的事务。企业财务就是企业理财的事务。财务管理是指在一定的整体目标下，企业对货币资金的筹措、投放、营运和分配等活动进行的综合性管理工作。企业财务管理是基于企业生产经营过程中客观存在的财务活动和财务关系而产生的，它是企业组织财务活动、处理企业与各方面财务关系的一项管理工作，是企业管理的重要组成部分。

资金是资产的货币表现和货币本身。企业资金则是企业在生产经营过程中归属于一定所有者的有价资产的货币表现。

从资金运用角度看，虽然资金是企业资产的货币计量，但它的形式却是多样的，包括各种财产、债权和其他的权利，如企业的流动资产、长期投资、固定资产、无形资产、递延资产和其他资产等。

企业的资金运动一般依次经过资金的筹集、资金的投放、资金的耗用、资金的回收、资金的分配等环节。

（1）资金的筹集。企业要进行生产经营活动，首先必须筹集一定数量的资金，包括资金需求量的预测、资金筹集渠道和方式、筹资决策有关理论和方法等。筹资是资金运动的起点，也是财务管理资金运用的前提。

（2）资金的投放。资金的投放即指企业的投资活动，由长期资产投资和流动资产投资组成，包括投资项目与投资方式的选择、投资额的确定、投资的成果与投资风险分析等。资金的运用是资金运动的中心环节，是资金利用效果的关键所在，它不仅对筹资提出了要求，而且决定了企业未来的财务经济效益。

（3）资金的耗用。资金的耗用即指成本和费用的消耗和补偿，包括产品成本和各种费用的预测和决策，对供应、生产和销售等再生产环节各种消耗的分析和控制。耗用的资金要从未来的收入中收回，资金耗用额是价值补偿的尺度。资金的耗用是资金运动的基础环节，耗用水平是利润水平的决定性因素。

（4）资金的回收。资金的回收即指销售收入的管理，企业资金投入生产经营最终带来货币收入的过程，包括价格的形成、收入额的确定、结算方式的选择与销售收入实现的过程。企业资金回收是资金运动的关键环节，它不仅关系着资金消耗的补偿，更关系着投资效益的实现。企业收入的取得是进行财务分配的前提。

（5）资金的分配。资金的分配即指对已实现的销售收入和其他货币收入进行分配的过程，包括成本费用的补偿、企业纯收入分配和税后利润分配等各个层次。分配是资金一次运动的终点，同时又是下一次运动的前提。由于资金分配是企业经济效益的体现，关系到各方面的经济利益，因而具有很强的现实性和政策性。

财务管理作为企业管理的一个重要组成部分，侧重于企业价值管理，根据资金在企业中的运动规律，通过对企业筹资、投资、日常经营及收入分配等各种财务活动的管理，使企业的价值最大化。财务管理具有综合性强的特点。财务管理的这一特点要求在从事财务管理工作时必须全面考虑，借助价值形式把企业的一切物质条件、人力资源和经营过程都合理地加以规划和控制，以达到企业效益不断提高、价值不断增大的目的。

（二）财务活动

所谓财务活动，是指因企业的生产经营活动而产生的筹资、投资、资金营运与收益分配的过程。

1. 筹资活动

筹资活动是指企业为了满足资金的投放和使用的需要，按时足额筹措所需资金的过程。企业组织生产、从事经营活动，首先必须从各种渠道筹集一定数量的资金，这是资金运动的起点，是投资的必要前提。在筹资过程中，企业一方面要确定合理的筹资总规模；另一方面要通过对筹资渠道、筹资方式或筹资工具的选择合理确定资金结构，以降低筹资成本和风险。

因筹资而产生的资金流入与流出，以及相应的管理活动便是企业由筹资活动而引起的财务活动。

2. 投资活动

企业取得资金后，必须将筹集的资金投入使用才能取得一定的收益。企业投资可以分为广义的投资和狭义的投资两类。广义的投资包括企业内部使用资金的过程（如购置固定资产、无形资产等）和对外投放资金的过程（如购买其他企业的股票、债券或与其他企业联营等）；狭义的投资仅指对外投资。无论是对内投资还是对外投资，都会有资金的流出；当企业收回投资时，则会产生资金的流入。

因投资活动而产生的资金流入与流出，以及相应的管理活动便是企业由投资活动引起的财务活动。

3. 资金营运活动

资金营运活动也称资金使用活动，是指企业在日常生产经营过程中所发生的资金管理与收付活动。企业在生产经营过程中，会发生一系列的资金流进、流出业务。从原材料及生产设备的采购，到生产组织、职工工资和福利费的支付等，都会发生资金的流出；当产品销售或提供服务后，企业又可以获得收入，形成资金的流入。

因生产经营活动而产生的资金流入与流出，以及相应的管理活动便是由资金营运活动而引起的财务活动。

4. 收益分配活动

企业通过对内、对外投资取得收益，获得一定的盈余。企业获得盈余以后，必须按照相关法律法规进行有序分配。广义的分配是指企业对各种收入进行分配，狭义的分配仅指对净利润的分配。

企业所取得的产品销售收入要用以弥补生产耗费，按规定纳税，其余部分则为企业的营业利润。营业利润和投资收益、营业外收支净额构成企业的利润总额，引起资金流入。利润总额首先要用于缴纳所得税，税后利润要提取公积金和公益金，分别用于扩大积累、弥补亏损和改善职工集体福利设施，所剩利润作为投资收益分配给投资者，这些分配活动会产生资金的流出。

因分配活动而产生的资金流入与流出，以及相应的管理活动便是由收益分配活动而引起的财务活动。

（三）财务关系

企业作为法人在组织财务活动过程中必然与企业内外部有关各方产生广泛的经济利益关系，这就是企业的财务关系。企业的财务关系因经济利益和责任的多样性而较为复杂。

1. 企业与国家之间的财务关系

企业与国家之间的财务关系是强制性的经济利益关系，相关法律法规已十分明确，即企业必须向国家依法纳税的关系。

2. 企业与投资者之间的财务关系

企业的投资者要按照投资合同、协议、章程的约定履行出资义务，形成企业的投资资本金。企业利用这些资金进行投资，获得利润后，应按出资比例或合同、章程的规定进行利润分配。企业同其投资者之间的财务关系反映了经营权和所有权的关系。

投资者的所有权主要体现在对企业进行一定程度的控制或施加影响，参与企业的利润分配，享有剩余财产索取权，同时还要承担一定的经济法律责任等。

3. 企业与债权人之间的财务关系

企业除利用资本金进行经营活动外，还要借入一定数量的资金以降低企业资金成本，扩大企业经营规模。企业利用债权人的资金，要按约定的利息率及时向债权人支付利息，债务到期时要按时向债权人归还本金。企业同其债权人的关系体现的是债务与债权关系。

4. 企业与债务人之间的财务关系

企业将资金借出后，有权要求其债务人按约定的条件支付利息和归还本金。企业同其债务人的关系体现的是债权与债务关系。

企业借出的资金能否安全及时地收回、能否定期收取利息，关系到企业的经济效益能否实现和企业生产经营能否顺利进行。

5. 企业内部各单位间的财务关系

企业内部各单位间的财务关系，是指企业内部各单位之间在生产经营各环节中相互提供产品或劳务所形成的经济关系。企业在实行内部经济核算制的条件下，其供、产、销各职能部门及各生产单位之间相互提供的产品和劳务要进行计价结算，这种在企业内部各单位间形成的资金结算关系体现了企业内部各单位之间的经济利益关系。

6. 企业与职工之间的财务关系

企业与职工之间的财务关系，是指企业向职工支付劳动报酬过程中所形成的经济关系。企业要用自身的产品销售收入或其他可支配的资金向职工支付工资、津贴、奖金等，按照职工提供的劳动数量和质量支付劳动报酬。这种企业与职工之间的财务关系体现了职工和企业在劳动成果上的分配关系。

企业的财务活动与财务关系是相互联系的，合理组织企业财务活动是对企业财务管理的基本要求，而正确处理各种财务关系则是合理组织企业财务活动的必要条件。如果各种财务关系处理不当，就难以保证企业财务活动顺利而有效地进行。

（四）财务管理的目标与原则

1. 财务管理的目标

（1）利润最大化。利润最大化是指财务管理工作的最终目的是不断增加企业利润，使企业利润在一定时期内最大化。这一观点认为，利润代表企业新创造的财富，利润越多则说明企业的财富增加得越多，越接近企业的目标。

利润最大化的缺陷有3点。第一，没有考虑风险因素。报酬和风险是紧密相关的，高报酬意味着要面临高风险。将利润最大化作为财务管理目标可能会促使财务管理人员忽视风险去追逐高额利润。第二，忽略长远利益。在所有权和经营权分离的情况下，经理们为了突出任职期内的成绩，往往只顾眼前利益，忽略长远利益。例如，对那些短期内收益少甚至亏损，但从长远来看具有光明前景的项目，可能会得不到应有的重视。第三，缺乏可比性。利润是一个绝对指标，既没有反映出它与投入资本之间的关系，也没有考虑资金的时间价值，因而不能科学地说明企业经济效益水平，不便于在不同时期、不同企业之间进行比较。

（2）股东财富最大化。股东财富最大化是指通过有效的财务管理，为股东创造最大的财富。这一观点认为，给股东创造的财富越多，就越能提高资本报酬，实现权益资本的保值增值。

对于股份制企业，股东财富由其所拥有的股票数量和股价两个方面决定。在股票数量一定时，股东财富最大化等同于股价最高，而要使股价最高，企业必须提高经营管理水平。

股东财富最大化的可取之处在于：一是考虑了盈利与风险之间的关系；二是考虑了短期利益与长期发展的关系。其不足之处在于：一是它只强调股东的利益，可能忽视了企业关系人的利益；二是对非上市企业不适用；三是股价并非企业所能完全控制的。

（3）企业价值最大化。企业价值最大化是指通过合理的财务管理，充分考虑资金的时间价值和风险与报酬的关系，使企业总价值最大化。其基本思想是既考虑企业长期稳定发展，又强调在企业价值增长中兼顾各关系人的利益。企业价值是指企业的市场价值，它是社会公众对企业总价值的市场评估。追求企业价值最大化，其最大的困难就是企业价值量化的问题。一般来说，企业价值可以通过其未来现金流量的现值来反映。

企业价值最大化不仅体现了股东财富最大化的优点，而且着重考虑了企业发展中各方利益的关系，弥补了股东财富最大化仅仅考虑股东利益的不足。

2. 财务管理的原则

财务管理的原则是指在企业财务管理工作中必须遵循的原则，是经过长时间检验的理财行为规范。

（1）风险收益均衡原则。在市场经济条件下，风险是客观存在的，企业要想获得收益，就必须面对风险。收益风险均衡原则是指在财务管理中，对每项财务活动都必须进行收益和风险的权衡，尽可能分散风险，提高收益。要遵循这项原则，就必须以科学的态度对每一项决策的风险和收益做出全面的分析和权衡，选择风险低、收益高的最有利方案。特别是要注意尽可能规避风险，化风险为机遇，在危机中找出路，以提高企业的经济效益。

（2）货币时间价值原则。货币时间价值是指资金具有时间价值，资金的周转使用是要讲效益的。相同数量的资金，其收入或支出时间不同，则具有不同的价值；相同数量的资金，其周转速度不同所带来的增值也不一样，周转速度越快增值越多。因此，在财务管理工作中必须坚持时间价值原则，树立时间和效益观念。

（3）资金合理配置原则。资金合理配置是指通过对资金运动的组织与调节来保证财务活动具有最优的比例结构。企业资产的构成是资金运用的结果，同时它又以资金结构的形式表现出来。企业有各种各样的资金结构。在资金来源方面，有负债资本和权益资本的构成比例，有流动负债和长期负债的构成比例，以及权益资本各项目之间的构成比例。在资金占用方面，有对外投资和对内投资的构成比例，有固定资产和流动资产的构成比例，有有形资产和无形资产的构成比例，有货币性资产和非货币性资产的构成比例，有材料、在产品、产成品的构成比例。

从系统论的观点看，财务管理也是一个系统，系统各要素之间的内在关系的表现形式就是各要素之间的数量比例关系。只有数量结构比例恰当，资金配置合理，才能保证生产经营活动的顺利进行，并能实现最佳的经济效益，否则就会危及购、产、销活动的协调，甚至影响企业的兴衰。因此，资金合理配置是企业持续、高效经营必不可少的条件，是财务管理的一项基本规范。

☞ 随堂讨论问题

1. 基于绩效考核视角，阐述企业职务分析的意义。
2. 人力资源招聘的意义有哪些？
3. 利润最大化的缺陷可从哪几个角度阐述？为什么？
4. 企业内部各单位间的财务关系是怎么样的？

☞ 作业

1. 请依据自身实践经历画出企业招聘流程图。
2. 结合战略性人力资源管理对培训的内在要求论述其优势。

06 第六章
市场调研

市场调研是企业经营活动流程中的第一个环节，对于企业的成长与发展和核心竞争力的提升非常重要，是企业开展经营活动的一个必不可少的环节。企业重要的经营决策、产品开发和市场营销活动都必须以通过市场调研获得的信息作为决策的依据和支撑。在企业内建立科学的市场调研流程和开展科学高效的市场调研是创业者面临的一个重要任务。

第一节　市场调研的意义

大学生创业大多起源于一个美妙的想法、一个新奇的创意、自己的兴趣等，其市场观念往往较为淡薄。市场调研处于企业经营的先导环节，创业时如果创业者缺乏前期市场调研和论证，一定会碰得头破血流。大学生创业初期一定要做好市场调研，了解市场，洞悉市场需求，设计一整套细致周密的可行性论证与实施计划，在了解市场的基础上创业。

一、市场调研——市场经济条件下企业本质属性的要求

在市场经济条件下，企业最本质的特征是面向市场，通过生产或提供符合市场需要的产品或服务，实现自身价值的增值。因此，一家企业在还没有开始生产前，就要考虑它生产的产品或提供的服务有没有市场需求，是不是符合市场需要。市场需求是企业存在的前提条件。

怎样才能弄清楚市场的需求呢？乍一看，市场需求似乎非常清楚，例如每个人都需要服装，但市场上一些厂家生产的服装卖得很好，另一些厂家生产的服装却卖不出去。又如，在现代信息社会，每个人都需要一部手机，生产手机的厂家非常多，但也是一些厂家的手机卖得很好，另一些厂家生产的手机则卖得不好。生活水平提高后，许多家庭都购买了轿车，但同样的，一些厂家生产的轿车可以销售得很好，另一些厂家生产的轿车虽然在质量、性能上都没有问题，却销售得不太好，甚至销售不出去。看来，弄清楚市场需求并不像我们想象的那样简单。那企业如何才能了解市场需求呢？也许，我们可以坐在办公室里冥思苦想，也可以凭直觉想

象，也可以试着先把产品开发出来去销售等，这些虽然都是办法，但并不一定是好办法，因为用这些办法开发的产品要么成本太高，要么成功的机会很小。要了解市场的需求，唯一的、最好的办法就是做市场调研。只有通过市场调研，企业才能更好地了解市场需求，开发出适销对路的产品。因此，做好市场调研是企业本质属性的要求。

二、市场调研——企业在市场海洋中航行的罗盘和航海图

这里通过以下两个比喻来说明企业为什么要进行市场调研。

第一个比喻：战场上的侦察。我们经常说商场如战场，在战场上打胜仗，情报是非常重要的。只有做到知己知彼，才能百战不殆。而要做到知彼，就必须对敌情进行侦察，侦察实际就是一种调查。不仅要调查，而且要研究，要对通过侦查得到的各种情报进行去粗取精、去伪存真的分析判断，得出敌方的真实情况，找到敌方的薄弱环节。

第二个比喻：航行中的罗盘和航海图。我们也经常把市场比喻为波涛汹涌的大海。在波涛汹涌的大海中航行，必须行驶在正确的航线上，而这就需要罗盘和航海图的指引，否则，不仅不能到达目的地，甚至还会触礁，导致船翻人亡。罗盘与航海图成为航海中必不可少的护身符。同样，企业在波涛汹涌的市场大海中航行，也需要有罗盘和航海图的指引与保护，而这罗盘就是市场调研，航海图就是调研得来的数据。

大型企业尤其需要高度重视市场调研。因为小企业犹如小船，一般在看得到岸的范围内航行，用不着先进、精确的罗盘和航海图，所以小企业在一定程度上可以靠个人对市场的感受及悟性来开展经营决策。此外，小企业由于规模小，虽然也需要进行市场调研，但不一定要进行大量、正规、专门的市场调研，因为从成本来说这比较不合算。但对于大型企业来说，其经营的市场范围很广，且市场竞争非常激烈，没有罗盘和航海图是绝对不行的。

三、市场调研——企业创建以市场为中心、以消费者为导向的流程的需要

随着市场竞争激烈程度的变化，企业的发展一般要经历若干不同的阶段。企业最初以生产产品为中心，然后以提高技术、改进产品为中心创建市场。它的基本特点是，在市场竞争中以企业为主导，企业生产什么，消费者就只能消费什么。在产品不能充分满足市场需求时，企业不需要了解市场情况，更谈不上开展市场调研，因为市场需求十分明了。企业的主要任务是尽快扩大生产规模，尽快建立新的生产线，提升生产能力，满足市场的需求。这时企业以产品制造为中心。但这一时期不会太长久，随着越来越多新的企业的进入和原有企业扩大生产规模，市场需求很快就开始饱和。这时，一部分企业的产品就会开始滞销，但也会有另一部分企业因开发出了新产品而销量大增。出现这种情况后，其他企业纷纷效仿着行动起来，不断开发新产品，企业由此进入以技术为中心的时代。要不断开发新产品，就必须高度重视技术研究。这时市场上会出现各种各样新颖、充满技术含量的产品，使消费者眼花缭乱、目

不暇接。但经过一段时间，企业发现，虽然在技术研究和开发上投入了许多资金和人力，也开发出了许多技术含量高的新产品，但这些产品推向市场后，消费者并不买账，真正成功的新产品很少。一方面，企业要负担巨额的技术与新产品开发费用；另一方面，新产品失败的概率又非常高。这是为什么呢？研究发现，企业在开发新产品时，实际上并没有考虑消费者的需求，更多的是从技术的角度出发，更多地考虑技术需要。从产品本身出发，也就是单方面从企业出发，以企业为中心，而没有将产品的开发与消费者的需求结合起来。由此，企业开始进入一个新的阶段，即以市场为中心、以消费者为导向。

要创建以消费者为导向的企业，就必须充分倾听消费者的声音，充分了解消费者的想法，将消费者的需求在企业内部充分地表达出来，从而做到将企业的每一环节与消费者的需求联系起来。也就是说，从产品的创意、开发设计，到各种技术的应用、产品的生产制造、质量标准的制定、品牌的策划、广告促销、分销渠道的设计等都要充分考虑消费者的需求，都要以消费者的需求为导向；要做到这些，就要充分了解消费者的需求和想法。而只有通过开展市场调研，才能清楚地知道消费者的需求和各种想法，才能真正面对消费者，以市场为中心，以消费者为导向。

四、市场调研——企业核心竞争能力的重要组成部分

企业的核心竞争能力主要表现在一家企业强有力的生存能力和发展能力上。企业的核心竞争能力可以分为3个方面。

一是企业特有的一种先天的能力，这种能力带有一定的垄断性和独占性，如原产地、独特资源的占有，独特配方、专利技术等，别人无法具备这种能力。在这方面，比较典型的例子如茅台酒。茅台酒只能在贵州遵义茅台镇所具有的独特气候、地理条件下才能酿成。又如一些好的葡萄酒必须用在某一地区产的葡萄才能酿造出来。

二是由企业管理所形成的一种独特的能力，这种能力表现在企业的文化、传统和理念中，贯穿于企业的方方面面，其表现为创造出一种企业独特的管理方法和潜藏的内在强大竞争能力，在管理方法上表现为由这些企业首创，如美国通用电气公司的六西格玛质量管理、丰田的看板管理、海尔的斜坡理论和星级售后服务等。这些管理方法极大地提高了企业的生产和营运效率，极大地节约了企业的生产制造和管理成本，为企业创造了极大的效益。这些管理方法的重要特点是，别的企业可以学，但总学不到家。

三是把握市场、把握客户需求的能力。这种能力可以说无与伦比，具有这种能力可以使企业持续生存和发展壮大。前文所讲的第一种能力是一种天然垄断能力，企业的发展受到一定的制约，其他企业不具备这种能力就无法进入。第二种能力，严格地说，是一种管理能力，许多企业都可以做得比较好。只有第三种能力是决定企业能否持续生存和不断发展壮大的能力。纵观许多百年企业，其原先生产的产品都不复存在了，现在的产品即使与原来的产品同

类，但也有很大的不同，甚至现在生产的产品可能与原来的产品根本就是风马牛不相及，但企业却依然存在。企业要具备第三种能力，了解和把握市场需求，除其他方面外，一定需要具备强有力的市场调研能力。纵观世界 500 强企业，其无不有一个共同的特点，那就是市场调研能力都非常强。以汽车工业为例，许多人都知道丰田的精益生产方式成就了丰田的事业，但他们并不知道成就丰田事业另一个重要的方面，就是丰田强大的市场调研能力。在丰田，前销售公司总经理神谷太郎被誉为销售之神，而他的法宝就是市场调研。丰田公司认为他与丰田喜一郎一样为丰田公司的成长做出了相同的贡献。

市场调研作为企业的情报信息来源，作为企业战略决策、产品开发和市场营销策划的重要依据，在当今日趋复杂、瞬息万变的市场竞争环境下，具有越来越重要且不可替代的作用。可以说，市场调研能力正在或已经成为企业的一个十分重要的竞争优势，成为企业核心竞争力的重要组成部分，市场调研的好坏在某种程度上已关系到企业的生死存亡。

第二节　市场调研在企业经营环节中的地位与价值

如果将市场营销比作一列有很多车厢的列车，那么市场营销调研毫无疑问充当的是双重角色：它既是为列车提供动力的发动机，又是将各节车厢联系起来，使它们形成一个整体的纽带。换句话说，市场营销调研活动渗透在企业经营的每个环节——它是所有市场营销组织的大脑兼肌肉。

——《营销调研》作者戴维·阿克

👁 **案例**　　　　　**团队规模比较小，如何快速开拓市场？**

上海翌澈科技有限公司（微翌创新）负责人李涵分享公司是他在 2016 年在上海理工大学读大三的时候创立的，主要做基于 5G 的无人机 VR 全景实时直播，华为、国内三大运营商等世界 500 强企业是他们主要的客户群体。

微翌创新基于 8K VR 全景传输、高速移动影像实时直播，已经率先完成多个世界首次 5G 影像实时传输应用测试及商用部署。微翌创新陆续成为华为 5G 创新业务供应商，中国移动、中国联通，以及中国电信的 5G 创新业务合作伙伴，是中国联通 5G 应用创新联盟首批会员单位。除了获得第五届中国"互联网+"大学生创新创业大赛金奖之外，微翌创新还凭借自身实力斩获第五届上海·杨浦"创业之星"云大赛总决赛"创业菁英奖"、2020 青年创业者峰会二等奖等奖项。

如果团队规模比较小，该如何快速开拓市场？市场调研处于企业经营的先导环节。李涵表示："除了必要的市场调研环节，我们还采用了'借船出海'的模式，即在自身营销力量相对薄弱的情况下，通过与行业头部企业合作来拓展市场。""我们在5G发展早期便参与了应用场景的开拓与创新。2018年2月，我们在新加坡航展正式发布了VR全景实时直播无人机，华为当时正好需要借助这样的技术去实现一些5G早期应用的演示和交付，我们便与华为建立了初步的合作关系。随后，在长期接触的过程中，华为也为我们介绍了很多客户渠道，例如国内运营商及海外业务拓展渠道。"李涵回忆道："对于一些与华为合作得比较好的5G建设国家，我们也与华为一起到访，展示我们的产品，包括完成一些案例的交付。"

谈及应用场景，李涵直言VR全景实时直播可应用在很多领域，例如，在文旅领域，助力智慧景区管理，提升游客体验；在广电领域，开展赛事直播，为媒体平台提供影视直播设备；在工业领域，助力河道巡检、电力巡检等。

发展离不开各界帮助，资金、场地、人员支持对创业尤为重要。对于微翌创新获得过的支持与帮助，李涵略显激动地说："学校、老师、双创平台等各界都给予了我们很大帮助，尤其是资金、场地、人员3个方面的支持，这些对于初创团队来说还是很重要的。"

李涵回忆道："上海理工大学为我们提供了非常好的双创平台，有创业想法的学生不仅可以免费申请学校类似创业苗圃的场地支持，还可以获得小额经费支持，这为我们提供了很大帮助，让我们把一些想法和设计变成一些样品。同时，学校还帮助我们匹配了专业技师资源和行业相关活动资源。导师不仅带领我们做技术开发、参加科技比赛，还为我们提供了非常多的行业前沿指导。"

"学校方面提供的帮助还有很多。"李涵表示，"我们近期刚刚获得了上海大学生科技创业基金会的支持，该基金会在发起高校都有分基金会，创业者可以申请36个月无息贷款，这为我们带来了非常大的帮助。"

"除了学校的帮助，我们还获得了很多社会支持。"李涵称，"上海市杨浦区搭建了比较好的双创平台。杨浦区人社部门有免费的类似创业空间的政策，会在高校附近、地铁站附近等较好地段，公开面向社会或者大学生提供可以免费申请的创业空间。我们目前就申请到了免租1年的办公场地，这为我们提供了很大支持。此外，我们入驻的园区在人社方面的补贴也很优厚，都有比较明确的配套政策，这也为公司增添了不少红利。"

谈及发展面临的压力，李涵表示："压力并非来自竞争对手，而是在于如何拓宽业务场景，使能够参与的业务领域变得更大。在5G建网方面，运营商已经建立了很多基站，但是真正落到实处的业务场景还有待进一步拓展。所以，如何让发展的天花板越来越高，是整个行业及我们自身需要进一步去思考和探索的。"

对于公司未来的发展计划，李涵称："近两年内，还是要继续把产品打磨好。目前 5G 还处于早期建网的阶段，很多应用没有真正大规模地爆发，我们愿意再花一些时间去把产品打磨好，为我们的用户提供更好的使用体验。在业务生态发展层面，我们也希望通过扩充营销团队把我们细分领域的业态进一步完善。"李涵表示，未来 5 年，微翌创新将致力于成为全球最大的 5G 运动场景影像传输方案提供商，把 5G 应用方面的好产品和好技术推向全球。

一、市场调研处于企业经营的先导环节

对于企业为什么要进行市场调研，市场调研为什么对企业经营如此重要，可以从市场调研在企业整个经营环节中的地位与作用来认识。

（一）市场调研是企业整个经营循环的起始点

新成立的企业在开展生产经营活动前，即在工厂还没有建立、设备还没有安装、原材料还没有采购、产品还没有生产和销售前，要做的第一件事情就是搞清楚要生产什么样的产品或提供什么样的服务，将其卖给什么样的顾客，市场上有哪些竞争产品或服务，目前的竞争态势如何，自己的产品或服务与别人的产品或服务有什么不同，卖点在哪里，有什么竞争优势等，而要搞清楚这一系列的问题就必须先进行市场调研。如果事先对市场情况不了解就贸然投资生产，十有八九会造成巨大的投资风险。所以，在市场经济条件下，市场调研是任何一家企业从事经营活动的第一个重要环节。

（二）市场调研是保证企业永续经营的需要

已进行生产经营活动的企业似乎不再需要市场调研，其实不然。已开展生产经营活动的企业要永续经营下去，反而需要更多的市场调研。在以下一些情况下，企业需要开展市场调研。

（1）需要开拓新的地区和市场。

（2）需要在原有的市场上进一步扩大市场份额，提高销量。

（3）已有的产品销售不畅，需要加以改进。

（4）需要对现有的产品进行升级换代，保持产品竞争力。

（5）需要开发新产品。

以上这些情况，正在进行生产经营活动的企业多多少少都会遇到，因此企业必须围绕这些需求不断开展市场调研。

（三）市场调研是企业成功开展营销策划活动的基础

以上更多的是以产品为中心来论述市场调研的必要性，事实上，企业经营活动还有一个非常重要的环节——开展市场营销活动，把产品顺利地销售出去。在市场经济条件下，企业仅有好产品是不够的，好产品只是一个最基本的必要条件。企业要想在激烈的市场竞争中取胜，还必须有非常强的市场营销能力，必须开展一系列市场营销活动，包括产品品牌形象的策划、广告的宣传、分销渠道的选择与建立、价格策略和各种促销措施及策略的制定等。企业开展这些活动，要想达到预期的效果、做出正确的决策，以取得成功，就必须对消费者的消费心理、购买习惯、选择偏好等进行详细的了解和研究，而这些只有在充分进行市场调研的基础上才能做到。

（四）市场调研是企业经营活动 PDCA 循环的需要

企业还要通过市场调研对产品规划的预期目标是否达成、产品卖点是否实现、制定的市场营销策略是否成功进行检验，找出差距和原因，以便在下轮 PDCA 循环中进行改进和提高。PDCA 循环指质量管理的循环体系，又称戴明环，是由美国休哈特博士提出、戴明总结推广的一种全面质量管理的循环方法。P 即 plan，代表计划；D 即 do，代表执行；C 即 check，代表检查；A 即 act，代表处理。PDCA 循环严谨而又高效，通过不断的循环使个体、团队、企业不断解决弊端，进化发展，提升效率。企业对销售服务、售后服务、产品的顾客满意度等工作开展评价，要通过市场调研才能实现 PDCA 循环的有效反馈。

综上所述，市场调研是企业一项十分重要的工作，既关系到产品的开发，又关系到市场营销。

二、市场调研在企业经营中的具体作用

首先，市场调研能保证企业的决策尽可能建立在客观的基础上，尽量不做或少做不正确的决策，而避免或减少了错误的决策，就能极大地减少投资失误所带来的巨大损失。对处于激烈市场竞争中的企业来说，企业在决策前尽可能地多收集各方面的信息，大量地占有资料，认真深入地进行定性与定量研究，分析验证评估方案的可行性，是十分重要的。从实践看，经过市场调研做出的决策一般成功概率都比较大。当然，决策也是一门艺术，是企业经营管理者对市场需求本质的一种认识、体悟、掌握和把控，市场调研主要是辅助决策，并不等于只要进行了市场调研，决策就一定正确。因为对于同样的市场调研数据和市场信息，如果决策者的认知水平不同，仍然会得出不同的结论和形成不同的决策。但以市场调研数据所反映的客观事实为基础，至少可以保证决策不发生大的偏差。

其次，市场调研可以大大提高企业新产品开发成功的概率。企业要想在激烈的市场竞争中取胜，就必须不断开发新产品。但新产品不仅成功的概率很小，而且面临的风险也很大。

如福特汽车公司在 1950 年推出 Edsel 导致了超过 1 亿美元的损失。据统计，新产品的成功率只有 20% ～ 30%。也就是说，每个成功的产品相应要负担另外 6 个或 7 个产品的开发成本。因此新产品的成功开发非常重要，而要做到这一点，其关键是根据消费者认知的需要来设计开发产品，使消费者获得他们认为的更多的利益和价值。在《产品创新中的创造力》一书中，作者曾引用一份资料指出："许多广泛被认可的成功要素具有一个共同的思路，即对市场信息的处理。理解消费者的需求最终归结为一家公司收集和使用市场信息的能力。换句话说，一家公司在市场信息处理方面的效率——市场信息的收集、分享和使用——在决定它的新产品的成与败上扮演着至关重要的角色。"

虽然市场调研不能保证新产品开发百分之百成功（因为产品开发还受制于其他因素），但市场调研可以把新产品开发成功的概率提高到 70% 左右。

最后，市场调研可以保证决策定量化，从而做到精准化。因为通过市场调研的定量调查，可以得到市场容量和有关细分市场及不同竞争产品类别比例结构的诸多数量信息，这就为制定决策提供了数量化的基础，使得企业可以进行有关投资决策的数学计量，避免模糊决策，尽可能地保证投资恰到好处，从而大大增强决策的精准性。当然，针对不同的层面、不同的部门、不同的阶段，市场调研的作用还有很多。

据《市场调研》一书作者当时的估计，每年全球市场调研费用合计超过 166 亿美元。大型跨国企业每年投入的市场调研费用都在数亿美元以上。汽车行业是市场调研的大用户，如沃尔沃公司每年开展约 400 项大型的市场调研。国内的许多合资企业，特别是一些汽车合资企业，每年花在市场调研上的费用也是上亿元。企业花这么多钱做市场调研，市场调研能为企业创造价值吗？这是目前国内许多企业高级管理人员普遍存在的疑惑。下面，我们对此做一些探讨。

（一）市场调研费用是企业经营的必要成本

企业必须树立一个观念，即开展市场调研所需的费用是企业经营必不可少的成本和支出。国内许多企业，对于投入一笔费用开展市场调研总觉得划不来。许多人认为花了几十万元甚至上百万元，仅得到一份市场调研报告，似乎太不值了。他们不认为这是企业从事经营活动的一项必要的投入、一项最基本的成本。他们没有认识到，在决策前，为了保证决策的正确性，事先的一些花费比起后面由于决策错误带来的上千万元、上亿元的巨额损失，简直算不了什么。许多企业经营管理者的思想观念还停留在产品经济时代，认为购买设备花再多的钱都是应该的，即使决策错误造成巨额损失，也能心安理得，并不心痛。殊不知，这也是企业的损失。许多企业的管理人员没有静下来认真思考一下，在进行经营决策前，在进行一项重大投资前，在开发一个新产品前，如果进行了市场调研，避免了日后因决策失误造成的损失，这也是为企业创造效益。

（二）市场调研为企业创造高收益

市场调研不仅是企业的一项必要的活动，更是能为企业创造直接或间接、看得见和看不见的巨大效益的好方法。

市场调研为企业创造的效益主要反映在两个方面，一个是间接效益，这是最主要的；另一个是直接效益。

间接效益体现在以下几个方面。

（1）避免决策失误造成的巨大经济损失。

在这方面有很多成功的事例，许多企业由于事前进行了市场调研，从而终止了一些不恰当的重大投资或一个新产品的开发，从而避免了重大的经济损失。

在产品规划方面，这一点也体现得相当明显，产品规划人员可能提出了一个新产品的概念，准备开发一款新产品，但这一新产品是否能满足市场的需要和用户的需求，只有进行市场调研才能加以确认。如果不进行市场调研，只是由产品规划人员凭主观认知来确认，开发出的新产品就极有可能是不能满足用户需求的。通过市场调研，可以把许多不能满足用户需求的新产品开发提案消灭在初期研制阶段，从而避免新产品开发的失败和各种不必要的投入。

新产品在正式上市前没有进行很好的市场调研，没有进行产品测试，而待新产品正式上市后才发现存在诸多缺陷需要改进，有的甚至还需要重新设计，而由此带来更换工装模具、用户抱怨、销售受阻等一系列问题。如果事先开展了市场调研，虽然不能避免所有的问题，但可以将大部分问题消灭在产品上市前，这对企业来说也就等于创造了效益。

（2）减少新产品上市后存在诸多缺陷而必须进行改进的问题。

如果一款新产品总的设计方向是对的、是符合用户需求的，但在许多方面存在缺陷，不能完全满足用户的需求，一旦上市，用户便会有诸多抱怨，这会影响用户的满意度，进而影响销售。而只要事先对新产品进行市场调研，如在新产品开发阶段就进行了新产品测试，就完全可以避免。但许多企业不这样做，不愿意花一些费用在市场调研上，而是等到新产品上市后，由于用户不满意，销售不畅，才去进行改进。殊不知，这时所需的费用就多了，工装模具都要重新设计，生产线要重新调整，售后服务也要相应变更，一切都得重来。

（3）提升市场营销活动的效果。

企业在市场营销过程中需要开展大量的广告宣传和促销活动。众所周知，一条优秀的广告可能成就一家企业，极大地提高产品销量，但广告也像一个黑洞，不断吞噬着企业的利润。因此，对企业来说，要开展广告宣传，广告的效果就是一个值得认真考量的问题。那么，如何才能保证广告达到企业预期的效果呢？办法就是，企业必须先对广告的效果进行测试，以验证其是否有效和效果是否能达到预期的目标。这时就必须进行市场调研。

在汽车行业，除了广告，车展也是一项投入巨大的营销活动。除在专门的展览中心举办车展外，汽车企业还经常在一些商业中心举办车展。车展怎样才能达到最佳效果呢？许多有经验的汽车企业都会事先进行一些市场调研，对车展地点的人流、关注点进行测试。汽车行业的人都经常参观车展，但什么样的企业会吸引他们的眼球呢？哪些企业的车展给他们留下了较深的印象呢？一些企业可能并不考虑这些，请一个设计公司设计一个方案，参加展出，就算完成任务了，至于效果，谁也不去考量。如果大家细心一些可能会发现，外资、合资企业的车展效果都是很显著的，会给观众留下深刻的印象。它们的展台展示了它们的科技力量，展示了它们的产品，其品牌形象深深地留在了观众的脑海里，国内一些汽车企业的车展则逊色得多。当然，国内一些汽车企业在资金实力上不如外资企业，但差距更大的是理念。问题是，我们花了钱，却没有产生较好的效果。

此外，对于降价促销、开展优惠活动等各种营销活动，特别是一些大的营销活动，如事先进行市场调研，效果可能会好得多。

上面列举了市场调研产生间接效益的一些方面，实际上，市场调研产生的间接效益远不止这些。当通过市场调研把用户的需求在企业内部充分地展示出来，让各个部门和所有员工都面向市场了解用户的需求时，无形中产生的效果是不可估量的。

关于市场调研为企业创造的直接效益，我们通过一个汽车产品价格测试市场调研的例子来说明。一家轿车企业开发了一款新的经济型轿车。上市前，这家企业进行了一次用户实车价格测试，测试出用户可以接受的价位是11.8万元。这家企业内部产品规划确定的销售价格是10.5万元，较测试的价格低1.3万元。调查结果出来后，这家企业根据测试结果，对这款新开发的轿车上市销售价格进行了调整，提高售价近1万元。上市后，该款新车销售良好。那么，可以设想一下，如果这家企业不进行市场调研，直接按最初规划的价格销售，这家企业每销售一辆，企业就会少收入1万元，而且这1万元可以说基本上是企业的纯利润。而在进行市场调研后，假定计划销售这款轿车10万辆，那么这家企业就能多赚取10亿元的纯利润。而这款新车的实车价格测试费用可能仅仅为100多万元，这笔投入是何等的划算。

同样是这家企业，在此之前开发了一款新的中级轿车，当时也进行了实车价格测试得出的价格比原先规划的价格要低，但这家企业坚持按原先规划的价格销售，其结果是新车上市后，用户不接受，导致该款新车在相当长的时间内都销售不畅，直到被迫降价。

第三节　企业开展市场调研的范围和强度

👁 **案例　"互联网电商＋先进科技"坚持政策导向，谱写精准扶贫新篇章**

"青年红色筑梦之旅"赛道金奖项目"小满良仓"负责人西安电子科技大学学生张旺说："以'互联网电商＋先进科技'开展农业领域精准扶贫，小满良仓不单纯是一个产品、一个平台，更是一种模式、一种情怀，我们正在全力打造一个扶贫生态圈，带领传统农业走向产业化、集群化。感谢中国'互联网＋'大学生创新创业大赛为我们提供的良好平台，让我们从企业、政府、专家等社会各界获得专业指导、资源对接等一系列帮助。我们也期待获得大赛交流中心及社会各界更多支持，在人才、资源、政策、落地等方面实现新的突破，推动精准扶贫不断前行。"创业初期，小满良仓团队发现陕西地区甚至整个西北地区有很多的优质农产品销售不出去，农民低收入问题日益突显，而农产品消费却在不断升级。小满良仓团队发现了其中存在的巨大机会，开始将目光聚焦于农产品方向。于是，一头连着农民田间地头、一头连着千家万户厨房餐桌的"互联网电商"精准扶贫模式就此拉开。

"最初，我们主要是单纯地开一个网店，自己做供应链和仓配服务。我们在对农产品精细选品后，再把农产品变成粗加工包装商品，最后在网上销售。"张旺称，"但我们很快就发现了这种'单一'卖货方式的弊端，我们感到单纯卖货会有些力不从心。于是，在 2018 年以后，我们开始往后端转移，将重心逐步放在供应链环节，协助武功县等地方政府建设供应链中心。我们负责把货从农户手上收过来，加工、包装好，然后供货给卖家、店主，由他们帮助卖出去。"

在深入扶贫的过程中，团队也陆续发现很多问题。例如，对于区县农村来说，经营性人才的缺乏成为当地经济发展的痛点。于是，团队面向当地农民，针对互联网电商方面开展了一系列培训，教农民在网上卖货，使其参与到电商的各个环节之中。

同时，基层农村严重缺乏完整的物流体系，这导致农民手中的产品根本无法低成本快速寄出，费力寄出去的快递也无法在第一时间到达顾客手中。对此，团队展开了深入调研，逐步建立起了"三有小站"物流服务站点，在农产品上行销售和互联网服务下乡等方面提供完善的后勤保障。2018 年，团队已在西安市长安区 30 个村级电商服务点建立"三有小站"，未来将拓展至 50 个站点，更好地服务于乡村物流体系建设。

此外，为完善零售体系，团队还建设了线上线下互通的新零售体系，其中包括京东、阿里、拼多多等一线电商平台和 150 家线下零售店铺，货源以西北为主，已覆盖陕西、青海、西藏、新疆等偏远地区。

如今，团队已累计开展扶贫促销活动 600 场次，产生 400 万笔销售订单，帮助农户销售滞销农产品 2000 余万千克，助力农户增收 6500 余万元……这些不是冰冷的数字，而是偏远地区成千上万农户摆脱贫困的殷殷希望。

不仅要电商扶贫，还要技术扶贫。2020 年，小满良仓开始转型发展，积极推动农业科技项目，旨在用科技手段降低农业生产成本，不断提高农作物产量与质量。

"制约偏远地区农业发展的，不仅仅是销售物流环节，还有自然环境和农业种植技术的影响。授人以鱼不如授人以渔，从源头解决农业问题，才能真正助力扶贫。"张旺表示，"于是，团队从产品溯源、纳米改制两方面入手，利用互联网技术及新兴科技，为生态塑造、农产品生产及安全提供了一个全方位立体化渠道，力求做到优质农产品有效供给，不断强化农业生产功能。"

在农产品溯源方面，团队利用西安电子科技大学优势学科项目转化，打造"火眼溯源"农产品追溯系统。该系统采用区块链技术，具有虚拟数据不可篡改性、不可伪造性，通过区块链＋智能防伪标签，实时监控审核产品身份、动态、流向等信息，从而保证产品是正品。截至2022年10月，团队已申请相关专利147项，其中包括十几个国家的国际专利。

而在纳米改质农业项目方面，团队联合西安电子科技大学实验室共同开发和推广了一项新型农业土壤改质项目，其中研制的新型纳米生物酶制剂在第一期试验田测试中增产8%，实验作物维生素C含量增加80%。

目前，团队已经陆续与当地合作社、农产品养殖大户达成合作，向当地推广先进农业技术，当地农产品质量、产量均不断提升。

一、企业在不同的发展阶段对市场调研的需求不同

企业在不同的发展阶段对市场调研的需求程度是不一样的。一般说来，在产品供不应求、处在卖方市场的情况下，企业是不会有市场调研的内在需求的。因为这时企业要解决的主要问题是如何扩大生产，满足需求。企业需要进行市场调研一般是在产品供过于求、市场竞争比较激烈、产品销售不畅或下滑、需要进一步扩大市场份额时。

企业不需要开拓新的市场，不需要进一步扩大销量，不需要进行营销策划时，就不需要进行市场调研，反之就必须进行市场调研。

企业不开发新产品时，也不需要进行市场调研。不开发新产品，就不需要对市场进行研究，不需要了解用户的需求特征及其偏好，不需要了解竞争对手的产品，也不需要对未来市场的发展趋势进行研究，当然也就不需要进行市场调研。

二、生产的产品性质不同，企业对市场调研的需求程度和强度也有所不同

即便是都需要开展市场调研的企业，由于其各自所处行业的产品的性质不同，市场调研的内容及需求程度和强度也是有所区别的。

（一）生产生活资料产品的企业

总的来说，从事生活资料产品生产的企业对市场调研的需求相对于从事生产资料产品生

产的企业而言，无论是范围还是强度都要大一些。生活资料产品可分为快速消费品和耐用消费品。生产快速消费品如方便食品、饮料、洗发液、润肤露、化妆品、服装等的企业对市场调研的需求程度和强度最高，因为这些产品直接面向消费者。而在这个世界上，最不容易把握的就是消费者的消费偏好与流行趋势，变化最快的也是消费者的消费偏好与流行趋势。可以这样说，生产快速消费品的企业对市场调研的依赖程度是相当高的。市场调研能力的强弱在很大程度上决定了这些企业在市场竞争中的成败。

对于生产耐用消费品如冰箱、彩电、空调、手机、家具等的企业来说，市场调研的需求强度虽然不如快速消费品生产企业，但市场调研仍然是不可或缺的。耐用消费品有一定的生命周期，消费者购买一次投入较大，因此消费者购买耐用消费品往往首先关注的是产品质量和性能，其次是价格，最后是外观式样和其他各种附加功能。为了满足消费者的需求、激发消费者的购买欲望，企业仍然要做大量的市场调研，这样才能开发出满足消费者需求的产品。

（二）生产生产资料产品的企业

生产资料产品可大致分为三大类，第一类是原材料，如粮食、原油、矿石煤炭、电力等；第二类是中间产品，如钢材、半成品、零配件等；第三类是具有完整功能形态的最终产品，如货车和客车、机床、工程机械发电机组、成套设备等。这 3 类生产资料中，每类对市场调研的需求强度和市场调研的内容是不同的。

对于生产原材料的企业来说，它们生产的产品有两个特点。第一个特点是，一般没有质的差异，只有数量多少或者成分含量的不同，如铁矿石的含铁量、煤炭的发热量，这些都是由含量来决定产品质量的好坏，不像一些最终消费品存在外观式样、各种功能上的不同。这些原材料一般被人们称为大宗产品。第二个特点是，它们的产品不是最终产品，一般不能直接使用，如铁矿石、原油、化工原料等都需要进一步加工，它们的销售对象不是最终的普通消费者，而是需要进一步加工生产出其他基础工业产品的企业，如铁矿石要卖给炼钢厂生产出钢铁；原油生产出来后，要卖给炼油厂生产出各种成品油。对于这些生产原材料的企业来说，它们也需要进行市场调研，但它们主要不是了解普通消费者的需求，其市场调研的主要任务是调研宏观经济形势、各个行业未来对原材料的需求，主要是对总量进行预测。因此，它们不需要对普通消费者展开大量的市场调研，因为它们根本不面向普通消费者，决定它们需求的也不是普通消费者，而是一个国家或地区的宏观经济发展情况。

中间产品也不是直接面向个人消费者的，它们仍然是在生产领域内流动，它们的销售对象仍然是生产企业，如钢厂生产出来的钢主要是出售给一些大的生产其他最终产品的企业，包括建筑承包商、造船企业、汽车企业、家电企业等。与生产原材料的企业一样，生产中间产品的企业也要对大的宏观经济形势进行调研，但与生产原材料的企业有所不同的是，它们需要对下游行业的发展趋势、发展动态及下游行业的需求进行更多的市场调研，它们也需要对产品质量、性能及需求情况进行大量的市场调研，但这些市场调研主要也不是面向最终消费者的，而是面向行业和企业的，其调研内容主要是总量需求和产品的各种技术、质量、性能指标。

对于生产具有完整功能形态的最终产品的企业来说，市场调研的程度比生产上述两类产品的企业要强一些，虽然对于宏观经济和行业的市场调研仍然很重要，但它们必须了解最终用户的需求，这些最终用户有的是企业，有的是大量的个体用户，如货车、收割机、工程挖掘机等的使用者。为了开发出更受用户欢迎、更有竞争力的产品，这类企业必须了解用户对产品的质量、性能、外观式样等的需求，需要开展大量的市场调研。

（三）提供服务产品的企业

无论是生产生产资料产品的企业还是生产生活资料产品的企业，都可以归属为第一产业和第二产业，但凡是提供服务产品的企业都属于第三产业。服务产品的一大特点是，生产与消费几乎同时进行。服务产品可以分为两大类，一类为生产实体产品企业提供的生产服务，如提供工程咨询、造型设计、农作物种植方案、第三方物流等；另一类是为消费者个人提供的生活服务，如理发、美容、保健、医疗、教育培训、娱乐、通信、交通等。这两类不同性质的服务产品对市场调研的需求程度和强度也有所不同。

相对来说，提供生产服务的企业所进行的市场调研与生产生产资料产品的企业差不多，侧重于对行业的研究；而为消费者个人提供生活服务的企业则类似生产消费品的企业，对市场调研的需求及强度更大一些。特别是有些服务产品从消费性质上看也具有快速消费品的性质。

（四）生产汽车的企业

汽车是一种比较特殊的产品，横跨生产资料和生活资料两个领域。汽车可以分为两大类：一类是乘用车，主要指轿车，还包括 MPV、SUV、微型客车等；另一类是商用车，商用车又可分为载货车和客车，它们都属于生产资料。

对汽车行业来说，虽然轿车是耐用消费品，但它与一般的耐用消费品又有非常大的不同，消费者在轿车中体现的情感因素相当强烈，消费者的许多偏好、个性等都试图通过轿车的外观式样、内饰与配置的不同反映出来；不同的收入、不同的文化程度和教养程度、不同的民族、不同的文化背景的人对轿车风格的偏好都不同。我们甚至可以这样认为，轿车在某种程度上也具有快速消费品的性质，当然，轿车的流行时间可能相对长一些。因此，如何正确把握消费者的消费偏好和流行趋势，对生产轿车的汽车企业来说，是相当重要的一件事情，甚至可以说，能否正确把握消费者的消费偏好和流行趋势，直接关系到轿车企业的生死存亡，而轿车企业要做到这一点必须开展大量、广泛、深入的市场调研。

第四节　企业组织与开展市场调研的方法

在企业内部如何组织与开展市场调研，市场调研部门应如何设立、具有什么样的职能，直接关系到企业市场调研能否顺利地开展和取得预期的效果。从目前国内大多数企业的做法来看，企业开展市场调研无外乎是由企业自己组织开展或是委托第三方市场调研公司进行两种形式。就市场调研的组织机构设置看，一是不设立专门负责市场调研的职能部门，而是由各个需要进行市场调研的相关部门自行组织开展调研；二是设立专门的市场调研职能部门，由其统一负责和管理企业所有的市场调研。那么，企业应该怎样组织开展市场调研呢？本节就这些问题进行讨论和分析。

一、企业自己组织开展市场调研的利与弊

从理论上讲，一个企业的市场调研是可以全部自己组织开展的，而且有些市场调研还只能由企业自己组织开展。但有些市场调研，如果由企业自己组织开展，受制于一些外部和内部条件的限制，往往很难达到预期的效果和目的，这时就需要委托第三方市场调研公司进行。对于企业来说，重要的是应该从理论和实践上搞清楚哪些市场调研应由企业自己组织开展，哪些必须委托第三方市场调研公司来进行；必须搞清楚由企业自己组织开展市场调研有什么优势，存在什么不足和制约因素；委托第三方市场调研公司有什么好处，应注意什么问题。

（一）企业自己组织开展市场调研的优势

企业自己组织开展市场调研主要有以下 3 个优势。

（1）企业的产品规划、产品开发与市场营销人员都是业内的专家，对一些需要通过市场调研了解的专业问题、需要得到的调研结果十分清楚，特别是针对一些比较专业的技术问题，由企业自己组织开展市场调研是十分合适和有效的。

（2）企业自己往往可以迅速组织开展调研活动，特别是对于一些需要尽快解决的问题，企业自己组织开展市场调研减少了委托第三方市场调研公司的烦琐手续，能快速满足经营决策的要求。

（3）企业的产品规划及产品开发人员为了增强感性认识，寻找产品开发的灵感；市场营销人员为了保持对市场的敏感和警觉，必须经常深入市场和用户进行一些定性的市场调研，这一部分是第三方市场调研公司不可替代的。

（二）企业自己组织开展市场调研的弊端

企业自己组织开展市场调研也有许多弊端，主要体现以下几个方面。

（1）企业的产品规划、产品开发与市场营销人员毕竟不是市场调研专业人员，因此，他

们在市场调研的专业素质和专业训练方面往往存在不足，在开展一些比较大的市场调研项目时，会遇到很多困难，而这会影响到市场调研的质量和结果，甚至可能得不到所需的正确的市场调研结果。

（2）企业不具备市场调研所需的专门技术条件、分析模型和设备，这会限制企业自己组织开展市场调研。例如进行焦点小组调研时的单透镜设备（需要公安部门批准）、大型的统计数据分析和市场分析专门软件、全国性的市场调研代理网络等，一般企业都不太可能具备。特别是全国性的大规模定量调研，企业几乎不可能有效地组织开展，因为从调研问卷的制备、调查人员招聘、全国范围内的实地调研到调研数据的复核检查、统计处理和分析，都需要大量的市场调研专业人员。企业一般都不会有大量的市场调研专业人员，如果勉强开展，不仅效果不好，还会耗费大量的人力和物力，得不偿失。

（3）企业自己开展市场调研时，会受到一些自身因素的制约，从而不容易得到客观真实的调研结果。因为调研人员在调研时必须向被调研者说明自己的身份和来意，当用户得知调研人员来自家企业时，往往会受情绪的影响而干扰调研的正常进行，特别是当产品有质量问题时，他们会过度抱怨，甚至要求企业的调研人员就地解决。企业自己组织开展市场调研，经常是在经销商的陪同下进行的，经销商为了自己的利益，可能会挑选一些好的或差的典型用户，这也会影响调研结果的真实性。如果是向竞争对手的用户进行调研，用户可能会产生疑虑、质疑，从而不能很好地配合调研。这些都不利于保证调研结果的客观公正性。而如果由第三方市场调研公司开展调研，这些问题一般都不存在，用户便能平心静气地站在比较客观公正的立场上表达自己的观点和看法。

（4）企业自己进行市场调研时，容易先入为主，产生主观偏见。许多企业的人员做调研时，如果发现市场上用户的反映与自己的预期不符，就会产生本能的不认同心理，而希望找到更多与自己的预期相符的样本用户，这在社会经济现象领域是十分容易做到的，而这恰恰是市场调研的大忌。市场调研最根本的宗旨就是要客观真实地反映全体市场和用户的共同需求，而不是个别用户的需求。

（5）一些市场调研的结果如果涉及对企业某些部门自身工作业绩的评价，往往会受部门利益的影响，分管部门不愿意看到不利于本部门的评价，从而或多或少地影响调研结果的客观公正性。例如产品售后服务满意度调研、销售服务满意度调研、产品质量好坏调研等都会涉及分管部门工作好坏，从而干扰调研的正常进行。

（6）从经济的角度看，企业自己开展市场调研特别是定量调研也是很不经济的。一项涉及全国性的市场调研必须在全国范围内展开，如果由企业自己开展市场调研，势必需要派出大量的人员到全国各地。这些人员的工资、住宿费、交通费等是一笔较大的开支。不仅如此，由于他们人生地不熟，并不能很快找到符合调研要求的样本，会耽误大量的时间不说，他们往往为了完成任务还可能随便找些样本，从而不能保证调研样本的质量。在进行市场调研的同时，这些派下去的人员还必须停止他们原来的工作，回来后还得对调研的数据进行整理和分析，这往往也要花费很多时间，再加上这些人员都不是市场调研专业人员，对市场调研的熟练程度也不够，这也会进一步增加工作时间。这些对企业来说都是一种极大的耗费。许多人只看到委托第三方市场调研公司要花费一笔费用，而没有看到自己做调研同样要花费费用，甚至花得更多，只是在表面上看不见而已。不仅如此，自己做市场调研花了大量的费用，可能还达不到预期的效果。

（三）应该由企业自己组织开展的市场调研

根据上面的分析，有一部分市场调研由于受自身因素的限制，企业自己组织开展不仅得不偿失，而且还不能达到预期的效果。但对于以下情况，则更适合由企业自己来开展市场调研。

（1）市场调研的问题比较简单，十分容易了解。

（2）市场调研的内容和问题是十分专业的特殊技术问题，一般第三方市场调研公司不太容易搞清楚。

（3）为了开发新产品、产生创意、形成概念，产品规划和产品技术人员寻找感性认识和灵感的调研。

（4）企业经营管理人员对市场的一般性了解。

（5）调研的规模较小，时效性要求较高，企业自己组织开展市场调研比委托第三方市场调研公司更容易进行，能更快地得到调研结果。

（6）涉及企业的商业秘密，如手机企业开发的新的手机式样、汽车企业开发的新的车辆模型需要进行测试，企业自己调研能充分保证不泄密。

（7）不是很复杂的定性调研。

总的来说，简单、调研的样本不大、十分专业特殊的技术问题、一些带有定性的认识和了解、为了获得感性认识、小规模的时效性要求很高的市场调研等，都可以由企业自己开展。这些调研如果委托第三方市场调研公司去做，不仅手续麻烦，而且也不经济，更重要的是，还可能做得不好，不能满足企业的需要。

二、企业自己组织开展市场调研应注意的问题

企业自己组织开展市场调研应注意以下几个问题。

（1）即使是企业各个部门自己组织开展市场调研，也应对开展市场调研的员工进行有关市场调研的培训，使其了解和掌握最起码的市场调研方法，特别是一些涉及定量分析的调研。

（2）每次调研前应做好充分的准备，如准备好访谈大纲和适当的问题，对于访问的用户样本也应有所选择，保证其具有代表性。

（3）调研回来后，应按统一的格式整理调研资料，结合有关资料形成调研报告等，只有

这样才能保证市场调研的效果。

☞ **随堂讨论问题**

1. 你认为市场调研的作用有哪些?

2. 请你从宏观和微观的视角分析市场调研在企业经营中的具体作用。

3. 企业自己如何组织开展市场调研?

☞ **作业**

1. 企业在市场调研的过程中可能会遇到哪些问题?该如何解决?

2. 请从直接效益和间接效益两个角度论述市场调研是如何为企业创造高收益的。

07 第七章

商业模式

"干洗找我"

桂花、丁香、玫瑰……这些花卉的味道出现在洁净的衣物上是怎样的体验？在上海市奉贤区海湾的佳源广场内有家名叫"干洗找我"的干洗店，店里特有的"加香洗护"业务让衣物在洁净的同时拥有花香、果香，这样新颖的干洗业务深受附近消费者欢迎。这一大波操作正出自"干洗找我"品牌项目负责人——上海应用技术大学毕业生郭瑞洁。

这名"95后"创业大学生不走寻常就业路，干起了洗衣店的买卖。她成立的上海朝沃智能科技有限公司现已在奉贤区开设门店，并在金山区、崇明区开设投递干洗智能柜，有线上合作社区60余家。其业务范围不仅有传统的衣物、鞋类和床品洗护等，还包括专业的洗车、沙发皮质上门保养，深入各大小区的智能收衣柜也纷纷上线。

毕业时，郭瑞洁坦言一直以来创业是自己最大的梦想，"干洗找我"这个项目最初是她和伙伴在全国大学生创新创业的比赛中一步一步打磨出来的。

郭瑞洁发现，干洗行业在近5年的年增长速度均在20%以上，相对于欧美国家一家干洗店服务几百人，中国的一家干洗店要服务上万人，其市场饱和度不高，"发达国家平均5000人拥有一家干洗店，国内则是平均25000人拥有一家干洗店，由此看来，整个干洗行业的需求量非常大，特别是在城区，居民对干洗的需求非常大。"这让她看到了商机，郭瑞洁笑着说。

在干洗行业要想凸显优势，必须有独特的创新之处。于是，一个巧妙的想法在郭瑞洁脑海中闪过——为衣服加香。让一件衣服拥有天然的花卉、水果香味，留香时间还较长，像喷了香水一样被打上独特的气味个性"标签"，这个大胆又有趣的想法让她迫不及待想要尝试。

1. 这家洗衣店和别的洗衣店有哪些异同？
2. 这家洗衣店的经营方式能否持久？它是如何盈利的呢？

第一节　商业模式画布

我们走进琳琅满目的超市，看到货架上一件件商品，想到新的商品不断产生，可能会产生一些困惑，这些商品都卖得掉吗？它们怎么挣钱的呢？

一、商业模式

赚钱是商品得以继续生产的理由。"商业模式"一词尽管第一次出现在 20 世纪 50 年代，但直到 20 世纪 90 年代才开始被广泛使用和传播，现如今已经成为经常挂在创业者和风险投资者嘴边的一个名词。商业模式的本质就是解释企业是如何挣钱、如何盈利的。只要是赚钱的地方，就有商业模式存在。简而言之，饮料公司通过卖饮料来赚钱，快递公司通过送快递来赚钱，网络公司通过点击率来赚钱，通信公司通过收话费赚钱，超市通过平台和仓储来赚钱。

随着创业者不断涌现，创业项目层出不穷，越来越多的商业模式出现在市场上，带来商业概念的提升。商业模式变得更加复杂，其中的产品、服务、市场、用户、供应商、供应渠道、营销主体、平台、运营等概念也逐渐成熟。所以，商业模式是一种包含一系列要素及其关系的概念性工具，用以阐明某个特定实体的商业逻辑。它描述了企业能为客户提供的价值及企业的内部结构、合作伙伴网络和社会资源、资本关系等用以提供这一价值并产生可持续盈利收入的要素。

二、商业模式画布

商业模式画布是一种用于梳理商业模式的思维方式和工具，可以帮助我们描述、评估和改变商业模式，并以一种极其简练的、可视化的方式将其表现出来。

商业模式画布描述了企业创造价值、传递价值和获取价值的基本原理，展示了企业创造收入的逻辑，可以帮助我们更加清晰地建立商业模式相关的各种逻辑关系。

商业模式画布能够帮助管理者催生创意、降低风险、精准定位目标用户、合理解决问题、正确审视现有业务和发现新业务机会等。

（一）商业模式画布的前世今生

商业模式画布是由瑞士的亚历山大·奥斯特瓦德在《商业模式新生代》中提出来的强大的通用商业模型。他认为，一个完整的商业模式应该包括 4 个视角和 9 个模块，他基于此提出了著名的商业模式画布。此后很多企业发现规划战略和商业模式仅需一页纸就可以完成，这样梳理商业计划书也更加容易。得益于其精简高效的模式，商业模式画布在全世界流传开来，至今仍是企业、创业者分析商业模式时惯用的模型。

商业模式画布包含客户细分、价值主张、渠道通路、客户关系、收入来源、核心资源、关键业务、关键合作伙伴和成本结构九大模块，如图 7-1 所示。

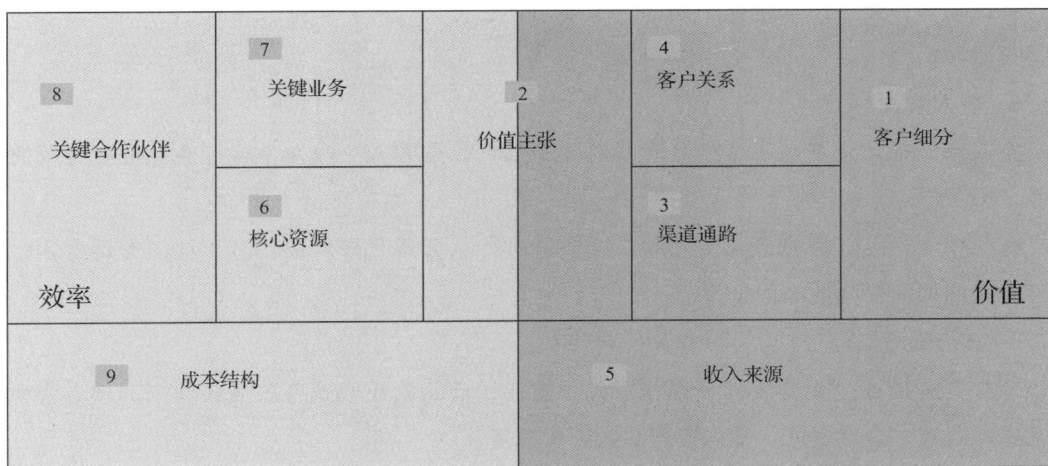

图 7-1　商业模式画布

这九大模块覆盖了商业的 4 个视角：客户、产品或服务、基础设施及财务能力。对整个商业模式画布来讲，以"价值主张"模块为分隔线，其左侧的 4 个模块更重视"效率"，右侧的 4 个模块更重视"价值"。

（二）商业模式画布九大模块解读

1. 客户细分

客户细分描述企业的目标客户群体是谁，这些目标客户群体如何进一步细分，每个细分客户群体有什么共同特征。企业需要对细分客户群体进行深入分析，并在此基础上设计相应的商业模式。

在此模块，企业应梳理两个问题：我在为谁创造价值？谁是我们最重要的客户群体？

2. 价值主张

价值主张描述为细分客户群体创造价值的产品或服务。

在此模块，企业应梳理两个问题：这些产品或服务能帮细分客户群体解决什么问题，满足他们的哪些需求？

3. 渠道通路

渠道通路描述企业通过什么方式或渠道与细分客户群体进行沟通，并实现产品或服务的售卖。

在此模块，企业应梳理 4 个问题：接触客户的渠道有哪些？哪些渠道最为有效？哪些渠道的投入产出比最高？这些渠道如何整合可以实现效率最大化？

4. 客户关系

客户关系描述企业与细分客户群体之间建立的关系类型。比如通过专人客户代表与客户沟通、通过自助服务与客户沟通、通过社区与客户沟通等。

在此模块，企业应梳理两个问题：需要用什么方式与客户沟通？用什么方式能与客户保持持久联系？

5. 收入来源

收入来源描述企业从每个细分客户群体中如何获取收入。收入是保证企业继续经营的大动脉。

在此模块，企业应梳理4个问题：企业通过什么方式收取费用？客户如何支付费用？客户付费意愿如何？企业如何定价？

6. 核心资源

核心资源描述企业需要拥有哪些资源才能让目前的商业模式有效运转起来。核心资源可以是实体资产、金融资产、知识资产和人力资源等。

在此模块，企业应梳理两个问题：企业的优势资源是什么？其中哪些资源能直接运用？

7. 关键业务

关键业务描述企业在有了核心资源后应该开展什么样的业务活动才能确保目前的商业模式有效运转起来，如制造更高端的产品、搭建高效的网络服务平台等。

在此模块，企业应梳理两个问题：保证企业正常运转的业务是什么？有没有其他能使企业在行业内占据优势的业务？

8. 关键合作伙伴

关键合作伙伴描述与企业相关的产业链上下游的合作伙伴有哪些、企业和它们的关系如何、其合作如何影响企业等。

在此模块，企业应梳理3个问题：与企业业务紧密相连的合作伙伴有哪些？业务占比最大的合作伙伴是谁？哪些合作伙伴是能带来业务资源的？

9. 成本结构

成本结构描述企业有效运转需要的所有成本。企业应分清固定成本和可变成本。

在此模块，企业应梳理3个问题：成本是如何构成的？哪些活动或资源花费最多？如何优化成本？

（三）商业模式画布应用

在使用商业模式画布时，我们要按一定的逻辑与顺序依次填充9个模块，就像我们作画时填充画布一样。在完成这幅画的时候，企业的商业模式也就水到渠成地构画出来了。

首先要确定目标客户群体（客户细分），然后确定目标客户的需求（价值主张），接着确定接触客户的方式和渠道（渠道通路），之后确定企业要与客户保持什么样的关系（客户关系），再确定企业的赚钱方式（收入来源），确定实现盈利的核心资源（核心资源）并制定关键业务行动（关键业务），确定和评估企业的合作伙伴（关键合作伙伴），最后确定以上各环节发生的成本（成本结构）。

（四）商业模式画布案例讨论

拼多多的商业模式画布如图 7-2 所示，请同学们参考这张商业模式画布讨论拼多多的商业模式是什么。

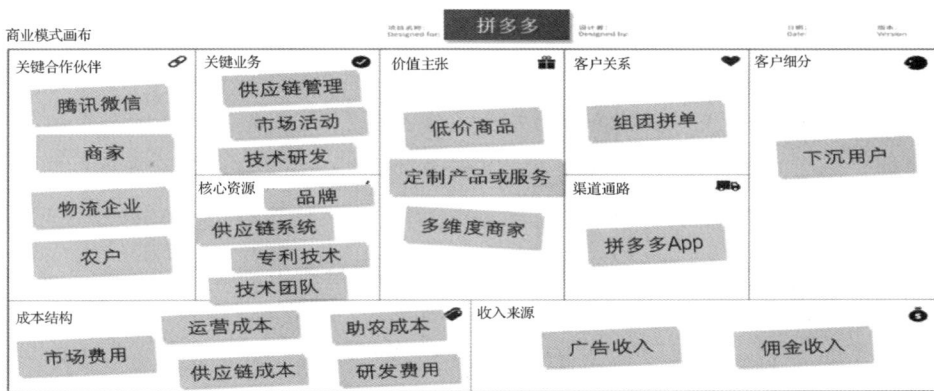

图 7-2　拼多多商业模式画布

第二节　典型商业模式分析

越来越多的创业项目参与到创新创业比赛中来，投资人会经常问这样一句话："你们这是科转项目还是文创项目？"所以，从项目的类别来分，我们把项目分成两大类：一是文创项目，如教育培训、文化旅游、养老服务等；二是科转项目，就是以科技创新为主、以技术为核心的项目。这两类项目在商业模式上有什么不同呢？或者说二者在商业模式构建上各有什么特点呢？

> **案例**　香火相传——非遗香包文化传承与创新的引领者，大连艺术学院，获第七届中国国际"互联网+"大学生创新创业大赛全国银奖
>
> 提到非物质文化遗产（简称"非遗"），或许很多人会想到老艺人、老工匠，很少有人会将年轻人和非遗联系在一起。而在江苏省徐州市贾汪区马庄村就有一位学流行音乐的"95后"，大学毕业后返乡跟着奶奶一针一线地缝起了香包。
>
> 孙歌尧出生于1999年，成长在香包世家，她的奶奶王秀英10多岁时就跟着祖母和母亲学做香包，这一做就是几十年。奶奶制作的香包色彩对比强烈、造型栩栩如生，香包内置的20多种中药材更是能让香包香味独特、持久。

　　自幼爱唱歌、有着音乐天赋的孙歌尧报考了大连艺术学院学习流行音乐。就在孙歌尧陶醉于音乐成就之际，她看出了奶奶的期盼，毕业后和奶奶一起做起了香包，立志传好家里的"宝"。

　　孙歌尧做香包的想法在校园里引起热议，还有好友帮她细算了账，做香包远不如演唱风光、挣钱快。不过，大连艺术学院一直重视学生创新创业项目的孵化培育，全力支持在校生和校友开展创业实践。孙歌尧利用学校创新创业孵化平台打造"歌尧"品牌，集结了一群与自己志同道合的青年设计师和品牌运营者，建立起3000多款香包图案库，设计了红色记忆、古韵歌尧等五大系列近百种香包新品。在学校就业导师的指导下，她将3D打版引入非遗工艺，其团队的作品《香火相传——非遗香包文化传承与创新的引领者》在第七届中国国际"互联网+"大学生创新创业大赛中荣获银奖。

　　2020年，孙歌尧毕业返乡，跟着奶奶从一针一线学起，逐步掌握了香包全套的制作技艺。她喜欢和奶奶一起商量新花型、新样式，一老一小常常一研究就是一整天。

　　孙歌尧汲取传统文化精髓并融入时尚元素，对香包的款式、工艺进行创新。为了提高技艺，孙歌尧四处学艺，找到被誉为"中国发绣第一人"的周莹华老师学习发绣技艺，并将其运用到香包制作中。她还与一家知名企业合作，将流行的手游人物融入香包元素，让热衷于游戏的年轻人真切感受新潮流与传统文化的融合之美。

　　样式时尚、便于携带、味道芳香，在2022年全国大众创业万众创新活动周合肥主会场的主题展区，孙歌尧设计的各类香包格外引人注目，屡获好评。

　　要想让非遗得以延续与传承，就要让越来越多的人认识非遗、了解非遗、爱上非遗。孙歌尧面向"95后"群体，开设了"歌尧相伴"微信公众号；其指导制作非遗香包的短视频通过抖音、快手、微博等平台发布，播放量已达3000万；录制的徐州香包云课堂，一周实现65.2万次播放量；她还与奶奶一起开展带货直播，使香包的魅力通过互联网大放光彩。

　　2020年6月13日，在央视新闻推出的"把非遗带回家"专场带货直播节目现场，孙歌尧提供的1000份香包"秒光"，被直播网友强烈要求加单1000份。

　　通过老手艺人"传帮带"，并注入时尚元素，为马庄村发展香包产业注入了新活力。贾汪区相继建起马庄香包文化大院、马庄文创综合体、马庄中草药园，建立了香包网络销售平台，吸收有想法、有能力、有干劲的年轻人加入香包产业队伍，努力将小香包做成富民大产业。

　　如今，孙歌尧已成为家中香包谱系里的第五代传承人。"未来有无限空间让我和奶奶一起创新，多做一些年轻人喜欢的系列，让小香包绽放更加迷人的光彩。"面对未来，孙歌尧许下了她的新愿望。

一、文创项目商业模式分析

如今非遗在生活中熠熠生辉，体现出应有的价值。孙歌尧构建起"景区体验店、线上直播带货、文旅展销会、专属定制"四位一体营销体系；通过"香伴云课堂"传播香包文化、分享手工乐趣，并推出"歌尧研习"香包文化线下体验活动；积极参加"非遗进校园"活动，向数以万计的学生宣传非遗文化，传授香包制作技艺。

孙歌尧和奶奶在潘安湖景区开办了香包研习所，助力体验式非遗文化旅游，她们还积极参加全国各类权威文化博览会等活动。非遗融合乡村文化旅游效应明显，累计吸引游客超过1000万人次。在家乡政府的支持下，孙歌尧的项目团队开展跨区域各级培训；扩建了4个村外加工基地，加入"贾汪香包合作联合社"；直接带动200多人就业，使人均年收入达6万元；形成原料采集、产品研发、加工定制、销售展示、非遗文旅、红色教育于一体的产业链，间接带动超过3000人就业。

团队创建了徐州香包年轻化品牌——"歌尧"。针对"Z世代"生活场景，团队融合雅致生活美学和国潮风格，利用原创图库研发了五大系列、近百种新品；团队还专注工艺升级，独创了"3D打板＋明暗缲针"等6项软著；构建起"景区体验店、线上直播带货、文旅展销会、专属定制"四维销售体系。

2021年6月，孙歌尧创办徐州针棒手工艺品有限公司，创建了"歌尧香伴"微信公众号，搭建起同好人群聚集平台。她还通过香伴云课堂传递香包文化、分享手工乐趣，并推出"歌尧研习"香包文化线下体验，为马庄"香包小镇"全域旅游做线上导流，实现了微店与景区店铺同步新品发售。香溢千年，香火相传，非遗资源活化，成为打造乡村振兴文化创富"马庄模式"。

二、文创项目案例讨论

案例　匠绣芳华——创新非遗传承振兴"蒙绣"产业的践行者，内蒙古师范大学，获第七届中国国际"互联网＋"大学生创新创业大赛全国银奖

"匠绣芳华"团队成立于2015年6月，是在内蒙古师范大学国际设计艺术学院青青工作室的管理和指导下，为非遗"蒙绣"文化的传承与推广、"蒙绣"的设计元素提供、"蒙绣"传承人的发掘和培育、政策的宣传、学生个体指导、学生非遗活动的开展，推动大学生"非遗＋设计＋创新创业"所搭建的平台。

"蒙绣"，即内蒙古刺绣的简称，是祖国北部边疆少数民族在长期生产生活中形成的一种手工技艺。作为中华文化的重要组成部分，其针法粗犷均匀、色彩对比鲜明、充满美好寓意和美学修为，每一针都体现着当地人民勤劳质朴、人与自然和谐共生的精神境界。在中华民族悠久的历史中，"蒙绣"以针为笔，以线为墨，勾勒出一幅文化传承长卷。

然而处于偏远地区、设计感不强、与现代审美脱节、与市场需求不符的传统"蒙绣"产品已经难以维持绣娘生计，也一度使"蒙绣"产业发展举步维艰。为此，"匠绣芳华"团队始终将传承优秀"非遗"文化和实现乡村振兴战略紧密结合起来，为了使绣娘实现创业增收，团队自创三维一体模式，从理论创新、设计创新、定位创新3个方面出发，围绕学科建设、思政教育、产学研合作、专创融合、双创教育5个方面，从学科建设抓起，从头抓起，将培养教育"蒙绣"传承人及弘扬"蒙绣"文化贯穿团队的整个行动过程。

在学科建设方面，团队将"非遗"技艺传承与创新转化为渐进式、体系化课程，引领本科实践课程教学，团队指导老师教授的两门课程也均获评自治区级一级课程，能够为日后培养非遗传承人提供源源不断的储备人才和新生力量；在思政教育方面，团队参与"青年红色筑梦之旅"行动，助力乡村振兴，为绣娘们带去最新的市场信息和"蒙绣"设计理念，将个人理想信念厚植于家国情怀当中。

在产学研合作方面，团队践行知行合一，通过实地考察研究，对"蒙绣"现状因地制宜地提出解决方案。比如团队对内蒙古兴安盟科右前旗乌兰毛都苏木萨日朗巾帼民族手工艺品合作社进行了长达3年的跟踪扶持，使其从原来的单一销售模式转型为主打旅游纪念品销售和"蒙绣"体验式经济为主的经营模式，帮助其在金马鞍草园度假村开设草原驿站。

在专创融合与双创教育方面，团队创新"校、政、企、学、研"五维一体资源建设途径，"匠绣芳华"项目也获批自治区级大学生创新创业计划，特别是对于北部边疆农牧区妇女的基础技能教育，以"蒙绣"做推手，推动农牧区妇女基础素质提升，增加农牧区妇女的收入，同时为"非遗"传承人提供创新教育，为传统"蒙绣"技艺注入新的活力，使其更好地满足多元化的市场需求。

授人以鱼不如授人以渔，"匠绣芳华"团队的目标不仅致力于使绣娘脱离贫困过上安稳的生活，而且致力于将这种创新理念转化为一种可以在全国推广运营的模式并应用于其他少数民族刺绣地区，为绣娘添彩，为乡村赋能，用一针一线勾画出乡村振兴的美丽新图景。

请同学们讨论分析"匠绣芳华"项目的商业模式是什么。

三、科转项目案例分析

👁 **案例**　　**热管理用柔性陶瓷纳米纤维，东华大学，获第七届中国国际"互联网 +"大学生创新创业大赛全国金奖**

可弯曲的石头、可随意压缩的"纳米石头"，是赵兴雷对参赛项目产品——"热管理用柔性陶瓷纳米纤维/超轻、超弹陶瓷纤维气凝胶耐高温隔热材料"的奇妙解释。

石头能弯曲，还能随意压缩，这到底是什么神奇的新材料？它又具有怎样的市场潜力与应用性？如何才能赢得国赛评委的高度好评呢？

"热管理用柔性纯陶瓷纳米纤维"也就是赵兴雷所说的"可弯曲的石头"，主要应用于耐高温、隔热市场，在飞机、坦克、导弹、高铁、消防、能源运输等领域，具有很大的市场需求。赵兴雷介绍，长期以来，市场上销售的耐高温、隔热纤维材料只有高硅氧纤维毡、气凝胶毡这两种，但它们都存在一定的应用痛点，如在 650℃以上的环境中无法使用、可弯折性较差等。"尤其是气凝胶毡，美国公司拥有这项技术的全球母专利，任何企业生产都无法绕开。一直以来，高端气凝胶的应用只能依赖进口。"也正因此，陶瓷纤维耐高温、隔热材料在"十三五"期间被科学技术部列为国家科技创新重点突破材料。

而赵兴雷团队成功研发的"热管理用柔性纯陶瓷纳米纤维"，耐超温性达 1000℃，隔热性、低厚度等性能已全面超越高硅氧纤维毡，不但打破了美国企业在此领域的垄断地位，更为军工产品的安全性做出了积极贡献，让中国人扬眉吐气。

可随意压缩的"纳米石头"——"超轻、超弹陶瓷纤维气凝胶耐高温隔热材料"更是神奇，"在 1100℃的高温下，压缩后仍可恢复形变，是目前已知的最轻的陶瓷材料，其隔热性、高温回弹等性能优异，可广泛应用于高铁、飞行器的阻燃、隔热、吸音等领域。对于这款产品，我们拥有 6 项授权发明专利、10 项在申专利。"赵兴雷自豪地介绍，"包括美国科技媒体垂直新闻（Vertical News）等在内的国外 30 余家外媒都对这块神奇的'纳米石头'做了报道，英国航天局的一位总工程师评价我们的产品提供了'颠覆性的解决方案'。"

而耐高温、隔热陶瓷纳米纤维的研发、生产及销售，仅是赵兴雷创办的嘉兴富瑞邦新材料科技有限公司（简称"富瑞邦"）的核心产品之一，他们还致力于纳米纤维滤材、静电驻极滤材、PTFE 膜滤材等高端超净滤材的研发、生产及销售。

尤其是该公司自主研发的抗菌、抗病毒纳米纤维空气过滤材料，能瞬间将细菌、病毒无盲点杀灭，杀菌率、抗病毒活性率均大于 99.99%。

赵兴雷是东华大学纺织材料与纺织品设计专业2012级硕博连读研究生，主攻纳米材料方向。"与纺织材料专业结缘完全出于偶然，最开始我以为这个专业很冷门，可深入学习之后发现，其并不限于纺织行业，应用范围非常广泛。"赵兴雷是河北邯郸人，2008年考入河北科技大学，当时是被调剂到纺织材料专业的。

2012年大学毕业后，赵兴雷选择来到上海继续学习。"因为东华大学的纺织材料专业在全国具有领先优势。"所谓"良禽择木而栖"，这个选择也为赵兴雷日后的事业发展打下了坚实基础。

在校期间，赵兴雷在导师的指导下参加了多项国家级、市级的科研项目，尤其是2014年参与的"十二五"国家科技支撑计划项目——"高效低阻空气过滤纤维材料产业化及应用技术"更是为他积累了丰富的产业化经验。

"我在这个产学研项目中担任技术顾问。由于生产线设在宁波镇海，当时我常常在上海、宁波两地奔波，而且3年里我1分报酬也没有拿。"赵兴雷回忆道。

过程虽然辛苦，但收获颇丰。因为在实打实的产业推进过程中，赵兴雷自身的各项能力得到了极大提升。"我是提供技术支持的，需要经常向客户介绍产品工艺、生产设备，自己的沟通能力、销售能力便在这个过程中不断提升了。"

很多人都认为博士发表论文很难。可赵兴雷说并不难，他攻读博士学位期间累计在*Small*、*Scientific Reports*、*ACS Applied Materials & Interfaces*等期刊上发表SCI学术论文4篇，而他高产的秘密就在于"接地气"。

"学术与产业并不矛盾，它们是一种良性互动的关系。"这3年的兼职经历并没有影响赵兴雷的学业，他的很多论文灵感就来源于产业界的真实技术需求，"论文不能凭空想象，也不可能设计出来，而是需要真实的技术、材料做支撑。"

任何努力都不会白费。更可喜的是，3年的经历为赵兴雷积累了大量的客户资源。虽然这个项目最后因种种原因搁浅，但赵兴雷通过实践发现，其技术上完全可行！

2016年博士毕业时，赵兴雷面临两个选择：进高校继续进行学术研究，或是做产业推进技术落地。经过深思熟虑，赵兴雷决定选择后者。"日、美等国都在积极推动纳米材料在产业中的应用。当时我直观地认为，如果我们不做的话，就会陷入受制于人的境地。"

而促成赵兴雷做出"单干"决定的，是宁波镇海的项目。"当时这个项目在国内是处于领先地位的，而且应用场景很多，市场认可度较高。但我发现，企业与学校之间的关注点不一样，双方有难以跨越的鸿沟，沟通非常困难。企业都希望今天投的钱明天就能赚回来，但我们这个领域投入大、周期长，他们没有这个耐心等下去，双方难以达成一致。"

为推动新材料应用落地、让专利不再躺在纸面上，赵兴雷决定自主创业，放手一搏。

由于嘉兴平湖在项目资金支持、企业人才引进、人才服务保障等方面提供多种优惠政策，最后赵兴雷决定在平湖经济技术开发区兴办工厂。

2017 年是赵兴雷最艰难的时期。创业初期，资金缺乏，生产线还未完全建成，然而让赵兴雷自己都没想到的是，竟然有客户主动给他打款。

这是赵兴雷之前认识的一位河南客户，在没有看到任何产品的情况下，因为认可赵兴雷的为人和专业能力，他竟然慷慨汇款 10 万元。"创业以来，在不同的阶段，我遇到了不同的人，他们给予了我各种各样的支持。"赵兴雷感激地说，"虽然面对的挑战巨大，但各方的支持、产业发展的良好前景让我始终信心十足。"

也许是因为在做一件对的事，所以赵兴雷总会遇到对的人吧。2018 年，富瑞邦的第一条生产线成功下线；2019 年，富瑞邦成立"工程院院士团队创新应用实验室"，完成天使轮融资 1000 万元；2020 年，富瑞邦与国家纳米工程中心建立产业合作基地；2021 年，富瑞邦完成 A 轮融资 1.2 亿元……2022 年，富瑞邦拥有自主研发的纳米纤维生产线、高温煅烧生产线、复合成型生产线、终端制品成型生产线等，厂房面积达到 2 万平方米，建有浙江省纳米纤维材料高新技术研究中心；通过 ISO 9001 等多项国际认证，被评为国家高新技术企业、浙江省"专精特新"小巨人企业，获得上海市科技进步、中纺联（省部级）科技进步奖一等奖等，拥有授权发明核心专利 6 项。

"我的目标是把富瑞邦打造成世界顶尖的功能纳米材料供应商，5 年实现销售额 6 亿元的战略目标。"对于未来，赵兴雷豪气冲天，这不仅是因为新材料产业发展的前景，更因为现在的他已不再是一个人"单干"——目前富瑞邦的产业布局已在山西、山东、上海等地陆续落地……

（一）科转项目商业模式分析

下面我们对"热管理用柔性陶瓷纳米纤维"项目进行商业模式分析，具体分析内容如下。

1. 研发背景及市场分析

耐高温、阻燃、隔热材料作为航天器、导弹、消防、热输运等领域的关键材料，具有广泛的应用需求。陶瓷纤维材料兼具陶瓷材料和纤维材料耐高温性好、阻燃性优、隔热性好、热机械性能稳定等特点，是当前应用最为广泛的耐高温、阻燃、隔热材料之一。

据大观研究（Grand View Research）统计，2021 年陶瓷纤维隔热材料的全球市场将超过 530 亿美元。然而，现有陶瓷纤维隔热材料无法满足轻质、低厚度、高效隔热的需求。无机二氧化硅气凝胶粉体填充的高硅氧纤维毡，在使用过程中气凝胶粉体易脱落且耐温性不足。

此外，国际顶尖气凝胶企业美国阿斯彭（Aspen）拥有"粉体填充的气凝胶材料"全球母专利，任何企业生产都无法绕开，高端气凝胶应用依赖进口，国内技术暂时没有突破。因此，开发具备自主知识产权的小直径、低密度、低导热系数的耐高温陶瓷纤维隔热材料是解决上述问题的关键。

2. 项目产品

该项目团队首次制备出10余种柔性陶瓷纳米纤维材料，其中柔性氧化锆陶瓷纳米纤维材料具有低密度、隔热性好、耐温性高（2300℃）、纤维连续性好及柔性好等特点，解决了目前高温隔热产品存在的重量大、低厚度下隔热性差、抗震性不足的瓶颈问题，其导热系数低至0.023W/（m·K），可完全满足高温轻质、低厚度、高效隔热的应用需求，该产品的生产技术处于世界领先水平。

此外，该项目团队利用陶瓷纳米纤维"三维网络重构"的原创性方法，首次开发出超轻、超弹的氧化锆陶瓷纳米纤维气凝胶，实现了将"石头"制备成可回弹、超轻质形态的目标，该材料导热系数低至0.019W/（m·K）。目前，全世界范围内仅该项目团队掌握陶瓷纤维隔热材料生产技术。

3. 目标客户

该项目产品已全面超越了世界顶尖产品Aspen气凝胶纤维毡，可广泛应用于飞机、坦克、导弹、高铁、建筑、消防等耐高温、隔热、阻燃军民两用领域。

4. 盈利模式

该项目的盈利模式有两种。一是为石油管道、核动力工程、热能传输管道工程、消防用品提供耐高温隔热产品；二是为特定应用场景提供技术服务，实现定向开发不同材质、不同形态、特定结构的耐高温隔热材。未来可瞄准军工、航天、炼钢、能源输运、消防领域的龙头大公司，以材料为基础，以技术开发为优势，形成核心竞争力。目前，热管理用柔性陶瓷纳米纤维已实现在军工领域的应用，也在诸如汽车、消防、高铁阻燃、热输运领域开展性能测试，团队还与强生集团、辽宁省轻工科学研究院签订了战略合作协议。

（二）科转项目的案例讨论

◉ 案例　　**中科光芯——硅基无荧光粉发光芯片产业化应用，南昌大学，获第七届中国国际"互联网+"大学生创新创业大赛全国冠军**

在南昌大学国家硅基LED工程技术研究中心（以下简称"研究中心"），由我国自主研发的硅衬底黄光LED（发光二极管）芯片获重大技术突破，芯片电光转换效率达到27.8%，处于国际领先水平。

2016 年 2 月，习近平总书记来到该研究中心实验室了解实验室科技创新、人才培养、产学研结合等情况。

"总书记到我们实验室考察，给了我们莫大的鼓舞。"中国科学院院士、南昌大学副校长江风益团队历时 19 年研发出硅衬底蓝光 LED 技术，打破了美国、日本在半导体照明领域对核心技术的垄断，开辟了一条更节能环保、低成本、高光质的 LED 技术路线。在习近平总书记考察后不到 100 天，江风益带领团队在黄光技术上实现重大突破，推动了我国 LED 技术从"国际并跑"到"国际领跑"。

此外，研究中心还将创新型企业价值观融入学科文化与人才培养全过程，从研究生培养方向、方式和评价标准等方面进行全方位的改革，构建并实施了研究生培养"企业化"科教融合新模式，培养出了一大批 LED 发光领域的优秀复合型人才。

全新的技术路线引领研究生人才培养

LED 是一种节能环保的冷光源，是电子信息产业基础性元器件，市场应用广泛，但长期以来，照明用的 LED 主要由日本的蓝宝石衬底和美国的碳化硅衬底方案主导。

"要想让中国的 LED 拥有自己的话语权，就必须走出新路子。"江风益大胆选择硅衬底 LED 照明技术，尝试走出一条新的路线。

从零开始，创新的道路充满艰辛。江风益清楚地记得，2003 年 12 月 28 日，博士研究生莫春兰做实验时，硅衬底蓝光 LED 材料发出了一丝若有若无的光。

"当时，实验室的其他人都认为光线太微弱，但江老师却很激动，'有戏，做成器件会很亮！'江老师的一句话鼓舞了所有人。"莫春兰回忆说。

经过半年的改进，团队攻坚克难，做出了有一定显示亮度的 LED 样管，硅衬底 LED 技术取得了阶段性的胜利。团队利用该技术率先开发了不需荧光粉的纯 LED 健康照明新光源。之后，团队持续研究，发明和完善的"硅衬底 GaN 基蓝光 LED 技术"科研成果实现了产业化，并从习近平总书记手中接过 2015 年度唯一的国家技术发明奖一等奖证书。

经过研发和产业团队近 20 年数千次的实验，江风益团队创造性地发展了新的 LED 照明技术路线，改写了世界 LED 历史，突破了多项核心技术，使我国 LED 技术在部分领域处于国际领跑地位。

"顶天立地"的培养模式造就科产教复合型高端人才

"江老师经常和我们说，要做'顶天立地'的事情。因为科研不仅要创新，要做出世界一流水平的成果，还要能落地，能产业化，能通过科研促进经济发展。"李述体是江风益带的第一个博士，长期从事氮化物半导体材料与器件制备工作的他，现已是广东省光电功能材料与器件工程技术研究中心主任。

研究生不能只盯着实验室。早在1997年，学校材料科学研究所（研究中心的前身）就"如何提高研究生的综合素质，增强研究生的社会竞争力"展开大讨论，最终明确了"将创新型企业价值观融入学科文化与人才培养全过程"的研究生培养新理念。

"我们通常说的'产学研'三方属于三个单位，'三块牌子，三套人马'，人员、场地和机制体制都不同，使得企业与研究生、导师与研究生之间易产生隔阂，影响'产学研'合作及研究生培养质量。"研究中心研究生教育负责人全知觉介绍，为了打通产业链，学校把科技、产业、教育、人才各要素串珠成链，"企业化"科教融合模式应运而生。

2000年起，研究中心陆续创办企业。2011年，研究中心以南昌大学的名义，联合南昌市和高新区政府，创办了南昌硅基半导体科技有限公司，通过出产品、改进性能，在产业化过程中不断推进技术走向成熟；同时，组建的"两块牌子，一套人马"的"企业化"科教融合平台也成为研究生培养基地。不少研究生在攻读学位期间，对研究中心的半导体发光科技创新和产业发展做出了实际贡献。研究中心主要学术技术带头人均成长于该企业化科教融合平台，且多数是研究中心培养的研究生，他们已成为学校学科持续发展的关键力量。该基地建在LED产业中下游企业相对集中的南昌市高新区，使得平台与供应商、用户、市场结合得更紧密，同时也为研究生熟悉全产业链情况提供了便利条件。

"创办企业后还可以招聘外部人才，实现了'人歇、机不歇'的三班倒式科研模式。以前要3年才能完成的实验量，现在只需要1年，这大大加快了研发进程，并提升了研究生培养的深度和广度。"全知觉介绍，学生们可以在本科或研究生阶段进入研究中心创办的企业实习，参与硅基LED芯片的生产与管理，这样知识的学习不再"看不见、摸不着"；企业研发需要什么技术，就把技术写进教学蓝本，这样学生学到的知识能更好地推动企业发展，毕业后可直接走上企业岗位，实现理论学习、实验教学、社会实践平台的"三融合"。

在不断实践中，研究中心废除了单纯以论文为标准的评价体系，并不断积累和完善以"六个一"为标准的多元化激励与评价体系：一套必修课程、一种模拟仿真方法、一系列实验方法、一种PPT演讲技巧、一件发明专利及一篇有新意的论文。

"六个一"以实际贡献为评价导向，分别设立了单项奖，同时还设立了综合类奖项（包括国家级奖励、省级奖励等），并建立了月报评分制度，将其作为过程性评价手段；毕业课题选用"自主化选题"的方式，研究生根据自身的兴趣和特点，自主选择符合企业、产业和市场近期需求或长远发展的课题。

研究中心遵循以产业需要为原则，通过企业化的科教融合无缝对接，不仅提升了研究生的综合素质，促进了科研成果的落地，更实现了全产业链的"自主可控"。

LED发光人才扎根祖国大地点亮世界

在2021年第七届中国国际"互联网+"大学生创新创业大赛总决赛上，南昌大学"中科光芯"项目不仅夺得桂冠，更填补了地方高校获得大赛冠军的空白。

"中科光芯"项目的成绩离不开研究中心以"六个一"为标准的多元化激励与评价体系。该项目第一指导教师王光绪是研究中心的硕博连读研究生，毕业后留校任教，现兼任研究中心所属公司总裁。

王光绪介绍，该项目以研究中心发明的黄光LED技术为核心，创业团队包括本硕博参与者70余人。从基础研究到技术发明，到产品创造，再到市场推广，最终形成了一个完整可行的创新创业方案，项目既解决了"卡脖子"问题，又实现了全产业链的"自主可控"。

如今项目已完成了上中下游全产业链的建立。团队打造的"无蓝光、不伤眼"产品销往全国，以及美国、意大利等7个国家。通过将科技创新、产业发展、人才培养相结合，研究中心取得了不少重大科技成果，不断培养出理论基础扎实、动手能力强的复合型人才。

"研究中心虽然采用的是'企业化'科教融合模式，但最终目的是破解科学研究、教育教学、产业落地'三元分离'，探索一种理工科研究生高质量培养新模式，以及一条'学研产'一体化的创新发展之路。"全知觉解释。

请同学们分析案例中"中科光芯"项目的商业模式是什么。

第三节 商业模式构建

商业模式是企业在市场上的运营方式和盈利方式的总称，是企业的核心竞争力之一，对企业的发展具有重要的影响。商业模式的选择和设计直接关系到企业的盈利能力、市场份额和长期发展。一个优秀的商业经营者，一定有良好的经营思维和合理的业务构建逻辑。大学生创业，一定要学习和重视商业模式构建，这样项目的盈利和健康发展就有了保障。

一、商业模式的形式

商业模式包括运营模式、盈利模式、B2B模式、C2C模式等。商业模式是一种简化的商业逻辑。

运营模式：重点解决企业与环境的互动关系，包括与产业价值链环节的互动关系。运营模式创造企业的核心优势、能力、关系、知识以实现资源整合和发展。

盈利模式：对企业经营要素进行价值识别和管理，在经营要素中找到盈利机会，即探求企业利润来源、生产过程及产出方式的系统方法，是企业通过整合自身及相关利益者的资源并形成的一种实现价值创造、价值获取、利益分配的组织机制及商业架构。

B2B 模式：是企业与企业之间通过互联网进行产品、服务、信息的交换，使企业之间可以通过网络在市场或经营等方面建立互补互惠的合作，形成水平或垂直形式的业务整合，以规模、实力、运作真正达到全球运筹管理的模式。

C2C 模式：是以商家、消费者、个人姓名组成的独立消费平台，让每个人都拥有自己姓名的产权式独立网站模式。

二、商业模式的构建

管理学大师彼得·德鲁克说过一句话："未来企业之间的竞争是商业模式之间的竞争。"

很多创业者在创业的过程中也会很注意商业模式的设计，可惜的是，很多创业者对于商业模式的理解存在一些偏差，以至于他们在需要融资的时候困难重重。

一些创业者把营销策略当成了商业模式，一旦这个策略不成功，项目失败的可能性就会非常大。而真正的商业模式一定不是围绕着策略进行，而是直接从用户这个角度来深入剖析，通过对不同的行业制定不同的模式来吸引源源不断的用户到店或消费。

（一）传统的营销模式越来越难赚钱

要想知道好的商业模式为什么赚钱，我们就要知道传统的营销模式为什么越来越难赚钱。创业者往往都想要赚钱，最好是赚大钱，因此很多人选择的行业都是有不错利润的行业，比如互联网行业。

行业难做是因为这些行业不好吗？一定不是，任何行业都有做得很好的企业。之所以我们感觉难做，是因为我们的营销策略跟其他企业没有明显区别，这就难免陷入行业"内卷"的浪潮当中。而解决行业"内卷"的最好方法就是设计一套独有的商业模式，因为独有的商业模式是其他企业很难模仿的。

（二）构建好的商业模式

商业模式构建首先要从客户思维这个角度出发，了解市场，发现客户，设计模式。商业模式是很难被模仿的，若有企业模仿，其亏本是很正常的，严重的则会出现倒闭的情况。就算有企业花了好几个月搞清楚了对手的整套商业模式，等他真正去做的时候，对手已经占领市场了，几乎没有他的市场空间了。

构建商业模式的第一步是建立客户关系，也就是培养客户的第一印象，此时以性价比为先。

这时一定不要指望赚大钱，而应该是获得微利或者是不赚钱，甚至是亏本。这样做有两大好处，第一，直接让利给客户，客户享受到实惠之后会产生较好的口碑效应，这样我们就可以获得一大批客户；第二，竞争对手不敢跟进，因为他们不知道接下来该怎么做，一旦贸然跟进，很可能会亏本。

举个例子，现在很多快餐店的一顿午餐都在20元以上，而且有可能只有一个荤菜。我们开设这样一家快餐店：菜品有30种以上，价格都是同行的一半，10元就能吃饱，15元还能吃好。如果你是职场人士，这样一家快餐店和一家普通快餐店开在公司楼下，你会选择哪一家呢？很多人会选择便宜的，对吧？

不过有个条件，只有会员才可以享受这个价格，会员年费是365元，人们会不会因为365元的年费就不选择这家快餐店呢？

大部分是不会的，因为只要在楼下吃一天就可以省10元以上，只要吃30多天，就基本回本了。如果一年能吃240天，可以省2000元以上。

如果你是隔壁的快餐店，你敢不敢跟进？如果跟进，你不知道该怎么赚钱。如果不跟进，生意将会更难，这就完全成了"选择主动死还是被动死"的问题。

我们再设想一下，我们将这样的快餐店开遍城市的每个商圈，只要是会员，就可以到任意一家会员店用餐，享受实惠，这又会是什么情况？

这绝对不是影响一家饭店的事，有可能影响整个城市的餐饮圈。我们这样做，前端获得了什么？不是金钱，而是海量的客户。假设我们现在就在一个有500万人的城市做了这样一件事，有1/10的人成了我们的会员，那么我们就有了将近50万的用户。在有了50万用户之后，我们是不是随便搞一个活动，哪怕靠每个客户净赚1元，一天就可能赚50万元。

其次是利用优势产品，就是我们主要的盈利产品。

如果我们通过设计第一印象建立客户关系，吸引了几十万、上百万的客户，他们都是潜在客户，我们接下来再推出优势产品，是不是相对来说比较容易赚钱？也不会害怕没有客户来了？这样还能避免陷入营销策略层面的行业"内卷"现象。

最后是产品迭代，不断营造产品信息。我们不要只满足于赚初始产品的钱，因为初始产品只能让你赚到行业平均水平的钱，还有一些产品的利润是比较高的。但是需要通过漏斗形的产品设计遴选出一些重要客户，给他们供应更加符合他们心意的产品。有时候，一个重要客户一年贡献的营业额抵得上公司10%的营业额，因此不能错过最赚钱的环节。

当我们完成了这3步，并且解决了所有人都愿意购买产品的问题后，那么就构建了一个好的商业模式。

三、如何选择商业变现的路径

商业变现是通过商业途径实现变现的一种行为。那么如何实现商业变现呢，有哪些商业变现的路径呢？

（一）电商变现

电商变现大致分为电商 CPS 和自营电商。

电商 CPS 指电商的代运营，其通过和购物平台进行分销合作，搭建商品展示页面，之后只需进行选品招商、上下架、结算等工作就可以。

自营电商则指自主搭建包括频道、订单、支付的全套系统，还需要自主把控商品品质、提供服务。

（二）增值服务变现

目前，增值服务是通过给付费用户提供高级服务来获得收益。

当产品能持续满足用户想要获取的价值时，就能产生稳定的收入。比如购买视频网站的会员，用户不仅能免广告播放外，还能提前收看剧集。

（三）佣金分成

佣金分成则是通过提供资源服务，帮助客户实现商业目的，从而收取佣金或者从客户的收入中按照一定的比例进行分成的商业模式。

这类商业模式往往比较适合平台型产品。例如，在某平台开店的商家，除了交付一定的保证金，当每卖出一件商品，都需要向某平台支付一定比例的技术服务费。

（四）流量变现

流量变现也称为数据变现，主要分为广告和流量分发两种方式。

广告是目前互联网最普遍最成功的商业变现方式之一，任何互联网产品都可以考虑把广告作为其变现途径之一。在移动互联网时代，流量分发更常见于手机系统的应用商店，我们通常在应用商店首页看到的推荐应用和装机必备等，其实都属于流量分发，目的是引导用户下载安装，最终实现变现。

四、常见的商业模式

现在随着生意越来越难做，市场上出现了各种各样的商业模式，但是什么样的商业模式才是最有效的？什么样的商业模式才能落地呢？下面我们介绍常见的一些商业模式。

（一）商业模式的类型

1. 时间模式

其实做得最成功的时间模式大家都知道，但是可能平时没怎么关注，或者说对它了解得比较少，只是参与过，而不知道它就是时间模式。时间模式最成功的案例之一就是每年的"双十一"，"双十一"就是将产品的营销事件集中在一个时间点，并将做到每年持续进行，以此让客户对此产品营销事件产生条件反射，达到让人失去思考的能力。

2. 增值模式

增值模式就是产品收费，提供的增值服务不收费。增值模式也有很成功的案例，比如海底捞。大家都知道海底捞的服务是一流的，而且非常有特色。我们也可以学习它的这种模式，让自己企业的服务有特色，让更多的消费人群记住，并且起到再次消费的回流作用，这样的模式才是一个成功的增值服务模式。

3. 客户模式

客户模式的核心就是从客户身上找到特征，以此特征给予客户一个买单的理由，由此起到关联客户引流的价值作用。比如你是开小面馆的，就可以在小面馆的门牌写上："为了感谢王氏的付出，请天下所有姓王的人吃一碗面。"这样就可以吸引大量姓王的人进店来消费，他们进店来消费时，不可能只是一个人来，也许会带上好友。这样你的成本就赚回来了，来的人多了，利润自然也就高了。

要学习商业模式的核心思路：①谁付你钱（客户）；②给客户什么好处（价值是什么）；③如何让客户掏钱（营销方法）；④你如何将价值送达客户（渠道方式）；⑤你如何做（现在的主要任务）；⑥你缺少什么（资源找寻）；⑦谁能帮助你（寻找合作伙伴）；⑧你有多少种赚钱方式（呈现核心产品及辅助产品）；⑨你需要花费多少才能赚到钱（要全面计算成本结构）。

在计算利润方面，需要了解几个问题：①客户成本；②营销支出在客户成本中所占比例；③客户终身价值与客户成本的比率；④客户成本回收期；⑤起源于营销的客百分比；⑥受到营销影响的客百分比。

（二）商业模式中常见的应用模式

随着市场上创新项目的不断出现，各行各业出现利用项目构建的免费商业模型，其中有15种应用模式可供参考。

1. 体验模式

让客户免费体验，激发其购买欲望，让客户觉得你能满足他的需求，美容行业比较喜欢采用这种模式。

例如，某女子健康美容瘦身管理中心，没有一个招商人员，市场快速拓展到全国，开店600多家，其精髓就是，让客户免费体验37分钟，人在一定场景下感觉舒服就会昏昏入睡，时间太短，客户还没睡着；时间太长，客户熟睡就缺失了营销机会。由于时间有限制，顾客在体验过程中便愿意花更多的钱享受服务。

2. 第三方付费模式

第三方付费模式是商业模式中的一种类型，模式有至少三方参与者：第一方是产品卖方，第二方是产品买方，其余的是第三方。如果将电视媒体视为第一方、观众视为第二方、广告厂商视为第三方，这个模式是依靠第三方支付费用来维持运营的，所以被称为第三方付费商业模式。

第三方支付模式的核心：（1）必须有大量的客户；（2）客户必须有消费黏性；（3）有需要你的客户的第三方。

例如，园林工程的宣传语"树苗已买好、工具已备好，就差植树人"，做到了不花一分钱，种下百亩树。

3. 主产品免费模式

主产品免费模式的4个核心关键点如下。

（1）主产品一定得有驱动力，对客户迫切需要的产品实行免费，才有吸引力。

（2）主产品免费模式的设计需要以科学的数据模型和精准的概率测算为基础，不能单纯照搬照抄。

（3）要有全局观，没有全局观根本干不成事，眼界有多大，世界就有多大，眼界决定世界。

（4）模糊自己的目的，明确客户的需求。

例如，饭店的海参、河豚免费，其他菜加价；风景区门票免费，收索道费、停车费。

4. 副产品免费模式

副产品免费模式的核心就是通过延长产业链，来达到利润链条的延伸，在这个过程中衍生和挖掘新的利润点，最终达到的效果是在利润隐形化的前提下实现利润最大化。

副产品免费模型要求送出去的东西必须要有价值，送出去的产品价值能够递进到主产品上，成为副产品免费的差价补贴，以此获得的利润。比如，海底捞提供免费的零食水果、免费美甲、免费礼物及免费生日庆祝等。

5. 赠品模式

如存话费送手机再送空调、电动车，但是要注意核心价值。

（1）赠品必须有价值。

（2）赠品的价格很高，很透明，通过令人惊奇的赠品吸引顾客。

6. 时间模式

时间模式要求企业利用有限的节假日让消费者形成条件反射，让消费者一到这个时间就能想到你的企业，并且企业在特定的时间内使产品免费或者低价，以吸引消费者。比如，有些景区分淡季和旺季，一般情况下，在淡季是没有人流量的，在这种情况下，企业就可以利用时间模式来增加人流量，如淡季景区门票免费，这样就可以吸引大部分消费人群。

还有一个典型的时间模式案例就是每年的"双十一"，"双十一"就是将产品的营销事件的时间点在每年持续进行，以此让顾客对此产品的营销事件产生条件反射。

7. 空间模式

充分利用现有空间或资源为社会提供免费服务，积累人气，增加流量，从而带动消费，如麦当劳的空间免费、厕所免费、儿童乐园免费等。顾客停留的时间越长，商家的机会就越多。所有空间模式都是为了延长顾客停留时间，没有人气就没有财气。

还有一种空间模式，即特定的空间免费，其他空间收费。比如，茶馆喝茶免费，但想在家喝，就得买茶叶和茶具；樱桃沟的樱桃随便吃，但带走樱桃要收费；快餐店内米饭随便加，但带走则每份 1 元；等等。

8. 客户模式

对特定的客户免费，令其带来其他客户消费。例如免费给孩子发展览门票，大人则需要购票，20 元一张，组织者通过门票获得收入。这里有一个设定，即必须是一个人完不成的事，找准客户后送给他一个心动的产品，关联当事人产生消费，让客户主动给你传播。

9. 高频模式

以消费频率高的产品免费的方式带动消费频率低的产品销售，从而获得盈利。例如，E 洗车（平安领福利季 E 洗车送好礼）上门洗车，只洗高端车，在服务过程中通过营销吸引客户进行后续消费。聊天话题围绕业务，如你的车有道划痕、谁的车保险快速理赔等。

10. 增值模式

增值模式的基本原理是以消费者为中心，企业通过设置一定的规则和机制来提高消费者的购买欲望和满足感。这种模式通过给予消费者额外的福利和奖励，为消费者提供更好的购物体验，以达到增加用户黏性和忠诚度的目的。

这种模型主要包括以下几种机制。

（1）积分奖励机制：通过赠送积分的方式来吸引消费者。当消费者在平台上购物时，消费者可以获得一定数量的积分。

（2）增值机制：通过积分的增值机制，提高消费者的复购率。

（3）会员机制：设立会员分红机制，为老用户提供更多的回报。当新用户通过老用户引流进入平台并进行消费时，产品的一部分利润会被分配给老用户作为分红。

（4）控盘机制：为了保持积分的稳定增值，当积分价值过高时，平台会调整积分释放比例或增加积分使用限制，以控制积分的数量和价值。

11. 功能模式

功能模式指企业让消费者在使用自己的产品时，自己产品上别的产品的功能直接免费，使其在行业内有更大的竞争力。功能模式的核心就是价值和方便。也就是说，增加的功能必须是有价值的，不是随便增加的；同时，增加的功能要比原来更加方便，把原来需要花更多力气做的事情，变得花更少的力气。

比如，原来去外地可能要带手机、地图、MP3、MP4 等，但现在只需要拿一个手机就够了，这样就更方便了。

12. 耗材模式

耗材模式是产品低价或者免费，企业靠耗材来盈利。

耗材模式的核心有 3 个点：可控、持续、暴利。产品可以低价不挣钱，但是后期的耗材必须可控。同时，耗材必须是持续的消耗品，消费者用完了还要买，并且是需要一直购买的产品。

比如，打印机本身价格不高，企业并不怎么挣钱，但是只要你买了打印机，那么使用的时候还需要买墨盒，有些打印机需要的墨盒必须是与打印机一个品牌的。

13. 产品分级模式

产品分级模式就是企业把自己的产品分成几个级别，如初级产品、中级产品与高级产品，品质一个比一个高档，利润一个比一个高，让客户一层一层地往高处消费。

产品分级模式的核心：（1）低级产品让人更容易地进入；（2）低级产品必须有吸引力；（3）必须有后期的利润产品。

14. 跨行业模式

跨行业模式就是改变自己的销售方向，挣别的行业的钱。跨行业模式创新需要企业对市场趋势、客户需求及行业资源进行深入的研究。同时，还需要积极寻找新的商业模式和收入渠道，整合不同领域的资源和技术。

跨行业模式的核心就是流量，企业前期宁愿放弃一些利润来增加流量，后期来赚跨行业的钱。比如，加油站做的也不仅仅是卖油，还提供超市、洗车服务。

第四节　样本市场深度测试

样本市场测试是展示和促销品牌、企业检验产品是否能大规模生产必须要做的重要环节，是当企业管理层和新产品开发团队对产品功能测试结果感到满意后，将新产品放到一个可采信的小范围消费者环境中对产品市场效果进行的测试。其目的是了解消费者如何试用、使用新产品，是否会再次购买该产品及购买频率多高等消费行为。

一、样本市场测试的方法

进行样本市场测试时，新品牌总是在具有"领头羊"地位的市场（一般是指某些可代表广大消费者的主要城市或城镇）上进行测试。显然，如果该品牌在这些市场中销路很好，它们就可以在全国范围内投放市场。但是，如果产品的缺陷很快被发现，该品牌就需要加以改进，甚至有时也许不得不放弃。存在于市场测试本身的风险是：竞争者可能跟踪新产品，窃取信息。

常用的样本市场测试方法如下。

（1）虚拟销售。可要求潜在的买主做些问答，如问他们是否有意愿购买，或要求他们做从模拟的货架上取下产品这类事。

（2）控制销售。销售可能是正式的也有可能是非正式的，但它是在受控的环境下进行的。

（3）全面销售。由企业做出将产品完全投放到市场上的决定，除非有异常情况，产品将在整个市场一起上市。传统的营销测试采用的就是这种方法。

（一）样本市场测试步骤

第一步，从新产品的目标市场获得有代表性的消费者样本来参与一系列的实验。在实验中，消费者被领入一间测试室，并完成一份有关他们的人口统计特征、购买实践及关于新产品类别的购买行为的问卷。

第二步，消费者观看处于竞争环境中的新产品测试广告。这些广告在实际电视节目中播放，其中包括许多与新产品同类别的现有品牌的广告，也有一些其他类别的产品或服务的广告。

第三步，消费者组成一些小组进入一家模拟商店。这家商店有他们看的广告中的品牌和一些测试实验没有涉及的其他竞争品牌。消费者被发放一定数量的资金用于从这家"商店"中购买东西，这笔资金数额低于测试产品的价格，然后被要求根据自己的喜好进行购物（或决定不买）。很显然，要想购买测试产品就需要花费一部分他们自己的钱。在这个测试中，只有那些被品牌特征和产品用途强烈吸引的人才会花一部分自己的钱来购买产品。

第四步，消费者讨论他们的选择及做出选择的原因，同时填写同样的问卷。测试完成后，消费者回到家中，按平常的方法使用他们购买的产品。

第五步，在过了足够长的一段时间后给这些消费者打电话或登门拜访以收集他们使用产品后的态度。

值得注意的是，这些消费者事先并没有被告之会被回访。回访的目的是了解以下内容。

（1）他们对自己所选的产品感觉如何？

（2）其他家庭成员对产品有怎样的反馈（如果这是一款可能被其他家庭成员使用、消费和注意的产品）？

（3）他们对产品的满意程度如何？

（4）他们是否满意的原因。

（5）他们对所选产品与其他他们曾经用过的同类型产品所做的比较。

（6）他们使用的产品数量/频率。

（二）样本市场的问卷分析

市场调查问卷样本的选取方法有个案法、综合分析法和典型案例分析法。个案法是对一个人、一个群体、一件事、一个社会集团或一个社区所进行的深入全面调查的方法。综合分析法是一种直观有效的分析方法，可以将图形、文字、数据等转化成一个图表进行综合分析，因为这种方法更加直观，易于掌握，准确率高，所以是运用较为普遍的一种分析方法。典型案例分析法要求在样本中选取几个比较典型的作为分析样本，然后进行深入分析。

那么我们在选取市场调查问卷的样本时应该注意哪些事项呢？首先，样本的选取要有一定的广泛性和代表性，也就是说要从不同层面、不同角度去抽取样本，要把有代表性的样本抽出来进行分析。其次，样本的数量要根据调查经费的具体情况来决定，因为样本的数量直接关系到样本分析成本，且有效的样本数量越多，分析的准确率就越高。

（三）样本市场的选择

我们对如何选择市场调查样本有了一个清晰的认识，但这不是永恒不变的，要善于通过具体情况来做出具体的选择。

（1）确定测试目标。典型的市场测试目标有：估计份额和销售量、决定产品购买者特征、决定购买频率和目的、决定在哪里购买（零售渠道）、测量新产品的销售对产品线上现有相似产品销售的影响。

（2）确定测试方法。基本的测试方法有3种。①模拟市场测试，其指导思想是我们把从总体中抽取的样本和目标组的代表暴露在多种刺激下（如新产品创意、广告、促销等），并让他们在这些刺激中做出类似的购买选择；②标准市场测试，即在有限的基础上进行真正的市场测试；③受控市场测试。

（3）制订测试计划。做出制造和分销决策时必须保证提供适当的产品，而且出售具体产品的方式在大多数店是可行的。另外，对用于测试的营销计划必须详细地加以规定，应确定基本的定位方法，制定出保证定位得以实施的商业广告计划、价格策略、媒体计划，以及各种促销活动。

（4）选择测试市场。测试市场的选择是个很重要的决策。当做出选择时必须考虑许多因素：市场没有进行过太多的市场测试，被其他企业广泛利用的市场可能不会像它们以前没被利用过一样，以同样的方式做出反应。在相应的分类中属于正常发展的市场，其具体产品市场的销售应该有典型性，不能太高也不能太低。另外，应该避免人口统计特征不寻常的市场，选中的市场应该反映出明显的地区差异。如果发现产品的销售量因地区的差异而产生极大的变化，那么所有主要地区中应该至少选择一个城市作为代表进行测试。

被选中的市场应该没有什么信息传送到其他市场，而且也不接受其他市场传播的信息。例如如果一个特殊市场内的电视台覆盖了该市场以外的大片市场，用于产品测试的广告可能从外界市场招揽顾客，最终使产品看起来比实际更成功。市场惯用的大众传播工具形式与全国的标准类似。例如，该市场的电视观众不该与全国观众有太大的差异，否则可能会对全国市场的估计出现偏差。选中的市场应该大到足以提供有意义的结果，但市场太大可能导致测试成本过高。

选定市场中的分销渠道应该反映全国模式。例如，销售某一具体产品的所有类型的商店都应该出现在市场中，而且应与占全国市场的比例相当。选定市场的竞争环境应该与该类产品的全国环境相似。例如，一个没有多个国内主要竞争者参与的市场不宜选为测试市场。所选择城市的人口统计情况应该彼此相似而且与全国的人口统计情况相似。

（5）按照既定方案执行测试。

（6）分析测试结果并结合样本测试结果一并反馈。

二、样本市场的产品测试

电子消费品、手机通信等行业的企业，往往在新品上市前都会生产出小批量的产品进行产品测试。产品测试是将产品提供给消费者，由消费者根据自己的想法对产品属性进行评价，从中系统地获得消费者的意见和建议。产品改进测试有两种。第一种，产品在特征方面的创新和改进的目的是捕获更大的市场份额，这里产品测试的目标是确定改进后的产品是否真的比改进前的好。第二种是缩减成本改进，这里产品测试的目的是确定顾客能否区分改进后的产品与改进前的产品。

产品测试包括实际生产产品及让消费者使用它，是最终用户或目标市场对产品（或服务）的评价。通常产品测试目的是根据被测试产品的发展或生命周期的不同阶段而定的，总体归纳起来，产品测试的目的是发现现有产品的缺点、评价产品的商业前景、评价其他产品的配方、发现产品对各个细分领域的吸引力、获得营销计划其他元素的创意。

为了精准了解产品的效果及用户人群，对于一些医药类、营养类或者替换类的产品，只进行一次测试不够，要反复测试。

（1）初始测试。这类测试是诊断性的，直接目的是消除产品的严重问题，粗略了解该产品与竞争产品相比所拥有的优势。此外还可以使公司发现产品的实际的和潜在的使用情况，以便改换目标市场。通常这类测试是用小样本来完成的（往往利用便于获得的样本，如员工）。员工测试通常用于食品类产品的测试。

（2）另一类测试是要求顾客在规定的时间内试用公司提供的产品，并做出反应。最后使用一个仿真购买环境，包括假设性的"您是否会购买"的问题，或者是一个实际选择情景，其中顾客要么选择一系列商品中的一种，包括新产品（通常以降低过的价格购买），要么就选择"买"还是不买这种新产品。

（3）产品测试最复杂的形式是将产品在家里（企业里）放置较长一段时间进行测试。对于成包装产品来说，这段时间大约为两个月。这段时间的作用在于，其结果包含了初期期望的逐渐消失和那些只有随着时间流逝才会出现的问题的逐渐发展。被调查的人要完成关于"之前怎样"和"之后怎样"的问卷，还要对在这段测试期里每天使用新产品和竞争产品的实际情况做记录。

产品测试的目的随着被测试产品的发展或生命周期的不同阶段而不同，决定采用哪种测试方法是建立在研究目的之上的，所以并没有一种测试方法可以称得上是最好的。

在产品发展初期，只有原始模型，测试目标是如何使产品的属性特征最优化，从而更吸引顾客。此外，还可以帮助确定价格，将产品优势转化成显著的顾客利益。当产品没有引入市场时，实施产品测试可以识别竞争对手的实力和弱势，同时还可以确定产品在目标用户心中的位置。一旦产品上市，进行产品测试通常有两种目的。首先，作为质量监控手段，维持产品生命；其次，如果产品有进一步改进的潜力，应该对改进产品进行测试。

常用的产品测试方法有两类：单一产品测试和竞争对比产品测试。

（1）单一产品测试。在单一产品测试中，受访者尝试一种产品，然后对这种产品做出评价，其数据收集变量通常包括购买兴趣、对属性的评价等级等。如果被测试产品不止一种，先将受访者分组，然后由其分别尝试每种产品，一个受访者只测试一个产品，测试后再相互比较。单一测试的特点是：更加贴近真实的生活；对于效果逐渐显著的产品来说十分重要，如啤酒、洗发水；在受访者无法从表面上对两个产品做出反应时十分重要；对于新型产品，这种测试或许是唯一选择。单一产品测试通过运用两个或多个十分匹配的样本，可获得用以对比的信息；对于形成长期数据库非常有用，但它存在价格问题、对于差异不是十分敏感等问题。

单一产品测试适用于以下情况。①产品初期阶段，因为此阶段的目标是获得有关产品吸引力的基础数据（例如你喜欢还是讨厌这种产品）；②市场上没有直接显著的竞争对手的时候，原因是配对比较测试只能提供相对的被测试的可供选择的产品信息，而单一产品测试提供受访者自己的判断信息，因此这种信息可以和在将来获得的单一测试信息比较（假设样本可比较）。最后，单一产品测试被视为是真实的，因为它基于顾客每次使用一种产品的事实。

（2）竞争对比产品测试。在竞争对比较产品测试中，受访者按顺序试用两种产品，试用完后对每种产品进行评价并说出更喜欢哪种产品。因为在受访者试用完两种产品后才开始问问题，所以受访者对产品的评价通常是建立在对两种产品的比较之上的。竞争对比产品测试的特点是，受访者同时测试两个或两个以上产品；提示受访者可以同时测试产品，也可以测试完一个之后，再测试第二个、第三个，这取决于产品性质、测试性质和用户通常的使用步骤；与单一产品测试比较，测试者对产品的差异十分敏感，并且没有必要进行匹配样本研究。

竞争对比产品测试存在的问题：①显著的视觉差异能够掩盖气味及口味上的差异；②或许不太现实（因为不重要的差异掩盖了偏好）；③无法与其他方案进行成果比较。

确定了测试方法后，需要解决两个问题。一个问题是被测试产品是让受访者在家中试用，还是在工作的地方试用，还是在其他的相关地点试用。

在家中（入户）测试的优点：在产品测试中通常是一种很现实的方式；可能包含所有家庭成员的观点（不仅是家庭主妇）；在家中可以烹制、清洗产品；经过一段时期的试用，产品可以在不同的前后关系中并被不同的家庭成员评价；对于让消费者困窘或敏感的产品非常有益；对于反应将随时间而变化的产品非常有益；对于某些日用产品的测试而言，是唯一的方式，如洗发水。

厅堂测试的优点：对于快速简略的测试十分有益；对于检查项目设计十分有益；或许是

一种现实的测试，如口香糖；对于获得敏感受访者的信息十分有益；当需要产品的测试后包装时，对于行为观察会更加容易。

其他地方测试可在当不在家中进行经常性消费且环境十分重要时采用。对于大型产品，如计算机、电视，可以在专门设置的空间进行测试。

另一个问题是，应该让受访者在不知道产品名称的情况下测试，还是应该让受访者知道产品名称？这取决于测试目的。不标名称的测试不受品牌资产的影响，可以测量出产品真实的物理性能。人们在评价一个熟悉的品牌时会被其"光环"影响。

产品测试是成功营销不可或缺的部分。来源于最终顾客的产品测试数据能够增加产品成功的可能性。

第五节　商业模式调整与优化

样本市场测试完成后，可根据用户反馈、市场营销数据反馈、渠道反馈调整并优化商业模式。

案例　　　　　　**马应龙药业：集团翻天覆地的变化**

马应龙药业集团股份有限公司（简称"马应龙"）始创于公元1582年，是一家有着400多年历史的中华老字号企业。1995年，国企改制对于马应龙的发展具有标志性意义。在这一年，宝安集团正式入主马应龙实施控股经营。"宝马联姻"20年来，马应龙在变革中发展，在发展中创新，各项经营指标始终保持两位数的正增长，由过去传统的生产型企业发展为一家专业化医药类上市企业。纵览过往，我们发现变革、创新与可持续构成了马应龙改革发展的主线。2019年7月，马应龙口红以"卖痔疮药的马应龙跨界卖口红"登上微博热搜，被网友戏称"史上最强跨界"。

市场营销战略的提出主要是解决企业的营运机制问题，宝安集团在控股经营之初即确立市场营销的龙头地位，明确以市场营销为突破口，推动企业的全面改革。

通过该战略的实施，公司建立了市场导向机制，明确"先销售后生产，先生产后生活"的导向性政策。"以销定产"的提出促使营销工作成为经营重点，企业人力、财力、物力资源向营销倾斜，解决了初期产销不平衡的矛盾，推动了企业战略由生产型向经营型转变；优化人员结构，推动营销队伍建设，通过企业内部的积极倡导和调整，营销人员在总人员中的占比由1995年的5%提高到2014年的45%；完善营销体系，构建营销网络，实行渠道终端分线管理，不断健全覆盖全国的销售网络；全面推行品牌管理模式，设立品牌经理统筹负责品类的营销推广工作；关注医改动向，争取产品资质，有 17 个品种入选《国家基本药物目录》，其中马应龙麝香痔疮膏入选国家基本药物目录独家品种，27 个品种入选《国家医保目录》，其中 4 个品种为企业独家品种；构建同商业、医院、连锁药店间的战略合作，在业内首倡集团层面的产业合作，资源共享，合作多赢，形成了具有马应龙特色的营销管理体系。

创新是企业生存和发展的根本，是企业实现可持续发展的关键。尤其对马应龙这个具有 400 多年历史的老字号来说，创新就意味着浴火重生。改制以后，马应龙建立了以市场为导向、以提高自主创新能力和资源整合能力为主要目标的技术创新管理体系，其运行机制主要包括资源配置机制、项目管理机制、风险管控机制、团队管理机制，以及可持续发展机制等，每种机制下都设有专门的委员会负责决策和推进。马应龙管理团队对创新经营高度重视，他们认为只有坚持将技术创新、产品创新与制度创新、商业模式创新结合，才能更好、更快地促进创新成果向产业化有效转化，才能促使百年老号插上腾飞的翅膀，弯道超车，快速实现中华老字号的现代化复兴。

（一）品牌经营创新

品牌经营创新战略的提出主要是解决企业的发展方向问题。宝安集团在控股经营初期即恢复马应龙企业品牌，深入挖掘老字号品牌价值；明确了以"肛肠及下消化道领域"为核心的战略发展定位，强化细分市场优势，打造强势品牌；坚持"目标客户一元化，功能服务多样化"的战略发展路径，满足客户需求，培育客户忠诚度；建立健全系统化、模块化的战略营运系统、战略保障系统和战略控制系统，推动产品经营向品牌经营转变，强化企业及各层级员工的品牌意识。

通过实施品牌经营创新战略，公司在市场细分领域建立与其他同类品牌相区别的独特优势，打造核心竞争力。马应龙按照"目标客户一元化，服务功能多元化"延伸战略，围绕肛肠病患者这一目标客户聚焦经营，深化马应龙品牌从药到医的延伸，开办马应龙肛肠专科医院并连锁化经营，构建了集药品经营、诊疗技术、医疗服务为一体的产业价值链；创新品牌传播方式，加强与年轻消费者的沟通，打造寓教于乐的创意视频，开辟医药行业内容营销的先河；积极拥抱互联网，前瞻性布局移动医疗，充分利用产品、连锁医院、线上和线下大药房等独特资源，在肛肠及下消化道领域为消费者提供重度闭合的健康垂直服务。

（二）技术整合创新

改制后，马应龙单独成立了产品开发中心，逐渐强化研发部门的经营职能。马应龙在产品研发方向上，不断完善治痔产品线，使其向多样化、系列化发展；在研发模式上，突破以往自主研发的局限，灵活整合社会研发资源，逐渐形成了以委托研发、联合研发为主，自主开发、项目引进、项目转让为辅，充分利用高等院校、科研院所和合作组织等各种社会资源的整合式研发模式，建立了半商业化研发运营机制和整合式研发模式，技术创新能力不断加强。

目前，马应龙的产品结构逐步完善，现已形成了以肛肠治痔产品为主，以妇科、皮肤、特药及化妆品为辅的产品线。马应龙企业技术中心被认定为"国家级企业技术中心"，马应龙被认定为高新技术企业、湖北省肛肠药物工程技术研究中心。经核准，马应龙分别与北京大学、中国人民解放军军事医学科学院组建了博士后工作站。长期以来，马应龙一直致力于挖掘传统技术精髓，进行延伸应用开发。2011年，马应龙眼药制作技艺成功获评国家级非物质文化遗产，这为马应龙针对传统技艺、组方的挖掘再创新奠定了坚实的基础。

（三）产业结构创新

产业结构创新说到底就是商业模式创新。马应龙从分析价值创造过程入手，构建核心点，整合产业链，充分利用社会资源，采取轻资产结构，盘活企业资源，提高资源利用率，规避经营风险，建立利益共赢和共享机制，立足于为客户创造价值谋共赢，立足于企业和员工共同成长谋共享，构建价值链上的利益共同体。

改制以来，马应龙贯彻"工业重速度，商业重质量，诊疗重布局"的思路，聚焦核心优势领域，实现产业立体化和聚焦叠加。目前，马应龙已经发展成为一个拥有医药工业、医药服务、医疗商业三大业务板块，并向大健康领域延展，以推动中药现代化为己任的经营功能齐全的医药集团，跃居医药类上市企业20强。

1. 医药工业

马应龙生产功能齐全，肛肠及下消化道类产品生产剂型范围已涵盖膏、栓、中药饮片、口服、片剂、洗剂等，生产功能超过30种，拥有马应龙麝香痔疮膏、麝香痔疮栓、龙珠软膏20多种等独家药品，可供生产的国药准字号药品超过300种；各类软膏年生产能力近亿支，栓剂生产能力过亿粒；生产设施先进，主要产品生产流水线及配套设施的技术水平已处于国内领先水平。除药品外，马应龙也开始向大健康领域拓展，包括功能药妆产品的开发、婴幼儿护理产品的拓展及中药饮品的销售等，今后还将围绕大健康领域拓展新的整合业务。

2. 医药服务

围绕"目标客户一元化，服务功能多元化"的经营思路，马应龙开办肛肠专科连锁医院，向诊疗业务实施品牌延伸，发挥品牌优势和医药互动经营优势。目前马应龙肛肠连锁医院已在武汉、北京、西安、沈阳、南京、大同、宁波、迁安等地建立，汇聚了由中国肛肠病治疗领域最具影响力的专家领衔组成的医疗团队。

3. 医药商业

武汉马应龙大药房连锁有限公司拥有近百家直营药店，位列中国连锁药店百强排行榜前

30 名，获得湖北省首家互联网药品交易服务资质，设立了湖北省第一家网上药店。马应龙药业集团控股的湖北天下明药业公司是湖北省首批基本药物配送 10 家企业之一，是湖北省基药配送覆盖率最高和基药配送量最大的商业公司。

（四）经营体系创新

马应龙在总结、提炼 400 多年人文内涵和 10 多年企业改革发展实践的基础上，着手构建了"三维三力系统"：以客户、股东、员工为经营对象，以方针管理模式为主轴的经营管理体系，将传统的平面的产业经营架构升华为立体的产业经营架构。客户经营系统是构建以客户为中心，通过目标和流程设计，有效配置资源，着力打造企业的产品力、营销力和品牌力，并促进"三力"（三个能力）集成的运营模式。投资者经营系统通过打造公信力、创造力和发展力，对投资者实施影响，获得其认同，并创造价值。人力资源经营系统通过深化落实"让合适的人做合适的事"的人力资源经营理念，不断提升员工的动力和活力。

三维三力系统是马应龙管理实践的结晶，具有较强的理论创新和模式创新，受到社会各界尤其是学术界的广泛好评。三维三力系统的主轴是方针管理模式，可以用"三个环节""两个支撑""三个能力"来概括。"三个环节"是指方针制定环节、方针实施环节和方针总结环节，构成方针循环的主线，使各项"指令"能够在企业中由上至下、由下至上循环，有序落实。"两个支撑"是指绩效管理和预算管理两个基于协调配套的支撑系统，前者给予人力资源方面的协调保障，后者提供财务资源方面的协调保障。"三个能力"是指通过方针管理模式的运行达到强化企业的决策力、执行力和协同力，并实现"三力"集成的目的。

马应龙顺应市场需求，推陈出新，不断发展壮大，尤其在 2019 年进入化妆品行业后，其发展有目共睹。这些成绩的取得，是企业在完成样本市场深度测试后，对目标市场、营销模式、推广方式三个方面进行深入研究，调整商业模式，快速找到发展方向和符合自身的市场营销模式，从而进一步加大品牌的影响力的结果。

一、商业模式中的目标市场调整

经过样本市场测试后，企业已经能从数据分析中看到哪些市场是可以进入的，而且能迅速找到真正的用户的。

目标市场是指企业决定要进入并准备为之服务的市场，是企业制定营销战略的基础，企业的营销组合都是围绕目标市场制定的，而市场细分的目的就是便于企业选择适合自己的目标市场，从而制定有效的市场战略，集中优势，取得业绩。

通常来说，企业在选择目标市场时可参考以下 5 种模式。

（一）市场集中化

这是最简单的目标市场选择模式，即企业只选取一个细分市场，只生产一类产品，供应单一的用户群，进行集中营销。该模式下，用户集中，企业能更好地了解用户需求，更好地服务于市场，使得自身的市场地位相对稳固，但由于产品、客户、市场单一，经营风险还是比较大的。

（二）产品专业化

产品专业化是指集中生产一种或一类产品，并向各类用户销售，如饮水机厂只生产几种规格的饮水机，同时向家庭、机关、学校、银行、餐厅等各类用户销售。这种模式有利于增加在特定产品领域的技术积累，形成产品的专业化形象，一旦新的技术或产品替代该产品，对于企业来说就会形成危机。

（三）市场专业化

市场专业化是指专注经营用于满足某一特定用户群需要的各种产品，如某工程机械公司专注于建筑业用户，向他们提供推土机、打桩机、起重机、水泥搅拌机等各种建筑工程机械。该模式下，用户群相对单一，企业可以更好地把握用户需求，一旦选定的细分市场出现波动，企业经营也会受到较大的影响，如高铁建设放缓之后，给高铁提供配套设备的企业就面临较大的经营压力。

（四）选择专业化

所谓选择专业化，即选取若干具有良好的盈利潜力且符合企业资源条件的细分市场作为目标市场，其中每个细分市场与其他细分市场之间的联系较少。采用该模式能够分散企业风险，但容易造成各业务各自为战的问题，难以实现企业资源的良好共享。

（五）市场全面化

所谓市场全面化，是指生产多种产品，同时满足多个用户群体的需要。该种模式适合大型企业，风险分散，但投资大，管理难度大。

企业应根据自身情况选择合适的目标市场。判断目标市场是否合适，可以参考以下标准。

（1）可衡量性：目标市场的销售潜力及购买力的大小能被衡量。

（2）可盈利性：目标市场应当有较大的市场潜力，有较强的消费需求、购买力和发展潜力。

（3）可进入性：企业的资源条件、营销经验及提供的产品或服务在所选择的目标市场上具有较强的竞争力。

（4）可操作性：企业针对目标市场，能够有效地制订和实施营销计划。

二、目标市场调整与优化案例

这里以小罐茶的目标市场调整为例。

茶是世界三大饮品之一，历史悠久。茶叶因其天然、健康的特点为越来越多的消费者所接受。发展至今，全球产茶国（地区）已经达到 60 多个，饮茶人口超过 20 亿，茶逐渐成为人们日常生活中不可替代的角色。随着人们生活水平的提高和茶文化的不断推广，茶叶消费开始呈现品类多元化的趋势。不少茶叶品牌顺势而生，小罐茶就是在消费升级趋势下诞生的一个瞄准中国高端茶市场的茶品牌。在营销能手杜国楹的经营之下，小罐茶以创新理念红极一时。

小罐茶一直以"高端定位"为卖点，目标受众定位于对饮茶有品质要求但非品茶行家的中等收入群体，并为降低饮茶门槛创造出了以更便捷的方式喝到高品质原叶茶的场景。在问世之际便主打"联合六大茶类的8位制茶大师，坚持原产地原料、坚持大师工艺、大师监制，独创小罐保鲜技术，共同打造大师级的中国茶"的营销宣传，通过打造大师精品、小罐金属包装等几个超级记忆点，结合央视等媒体平台的轮番轰炸式广告加深消费者印象，小罐茶快速走入中国茶市场。凭借"8位制茶大师手工制造""每一罐都是泰斗级大师手工制茶"的宣传语，小罐茶的确在初期取得了不俗的成绩。

但是随着茶饮不断年轻化，近年不少新式茶饮品牌开始在资本市场崭露头角。据《21世纪经济报道》记者梳理，新式茶品牌茶里CHALI在2015—2021年连续7年获得融资，在2021年6月完成数亿元战略融资。

为顺应年轻人对茶叶消费的倾向转变，小罐茶开始调整运营思路，近年来在产品矩阵中增加了售价更低、更大罐的多泡茶产品，以及面向年轻群体的彩色罐产品。打破原先框定的高端目标客群局限后，小罐茶收获了一定效果：2021年下半年，创始人杜国楹向外界披露，小罐茶销售已经恢复到最高峰时的状态。在小罐茶10周年科学做茶汇报会上，杜国楹对外表示，小罐茶将多品牌发展，并正式公布了正在酝酿中的三大子品牌。其中，小罐茶的全新子品牌有主打平价口粮茶的"茶几味"、主打年份茶的"年迹"及C.TEA.O智能泡茶机。此举宣告了小罐茶"多品牌＋多产品线"的布局，标志着小罐茶正式迈入集团化发展新阶段。

三、商业模式中的销售渠道模式创新

传统销售渠道以线下实体店为主，有店铺、连锁店、商场、大型MALL、专卖店等。经过样本市场测试，能通过大数据迅速找到渠道营销销售数据最好，或者说渠道销售中拥有较多客户的是企业最佳选择；如果做不到，就需要做渠道创新。

渠道创新主要是指在短渠道上创新，废除传统的一、二、三级代理制，缩短到达客户的中间途径，甚至直接面对消费者，获取高额利润。

对于一家企业来说，发现新渠道是比较困难的，原因之一在于消费者购物习惯在潜移默化地变化着，消费者对一种新渠道的接受是渐变的过程，厂商很难发现其质变的一瞬间；原因之二在于厂商过分依赖中间商信息，与最终用户始终保持着距离，但是中间商常常只向制造商传达有利于巩固自己地位的信息。同时，厂商常常具有沿用自己传统分销渠道的惯性，缺乏挖掘新渠道的积极性。正像美国西北大学营销学教授斯特姆（W. Stem）所言："一家企业可以在短期内变动产品价格、更换宣传广告、聘用或解雇市场调研机构、修改促销计划或者改变产品生产线，但管理者一旦建立起营销渠道系统，就很难、也不愿对其进行改动。"

渠道创新的最大障碍往往在企业内部。从管理上说，企业往往专注于对分销渠道的控制和管理，忽视与消费者保持合理接触的重要性，不能及时、全面和准确地了解消费者的感受和意见，许多企业甚至不能准确地掌握消费者的购买习惯。此外，中国企业普遍使用外部渠道，与自己的最终用户很少有直接接触，它们不得不依赖外部渠道来传递市场信息，这使得企业过度仰仗分销商对于市场新兴渠道的敏感性，即寄希望于分销商发现和利用新渠道。

四、销售渠道调整与优化案例

案例　　　　　　　　　　　　　　瑞幸咖啡

中国咖啡市场发展潜力巨大，但一直存在着市场价格高和购买不方便两大痛点。大部分咖啡品牌主打的都是线下体验。据调查，我国咖啡店在数量快速增长的同时闭店率也不低，最高可达28%。瑞幸咖啡便反其道而行之，主打外卖市场，通过"自提＋外卖"的新零售模式，"线上＋线下"最佳融合，实现了产品、价格、便利性的最优均衡。之前外卖咖啡领域并没有占领用户心智的强势品牌，瑞幸咖啡看准机会重新定义了该市场并占领了用户心智。

值得注意的是，瑞幸咖啡的广告投放没有选择以电视为代表的传统媒体，而是选择了以分众电梯媒体为主、朋友圈为辅的组合方式，以短短1个月的时间全面覆盖2亿城市主流人群。究其原因，分众电梯媒体实质上把广告放在一个消费者会主动看的特殊场景中，让广告实现了价值回归。在电梯这种场景中，广告不再是一种打扰，而是一种自然的存在。瑞幸咖啡便是抓住了中国2亿城市主流人群必经的封闭的电梯空间，将品牌渗透到城市主流人群的生活场景中，从而实现了对用户的强制触达，在短时间内迅速引爆。

瑞幸咖啡瞄准职场人士，他们对咖啡消费有需求，同时也十分注重生活品质，这部分人群年轻、有消费力。其中互联网广告受众集中于18～35岁的年轻人，电梯广告则集中于26～45岁中等收入群体，他们重视品质、品牌、品位，是品牌消费的意见领袖和口碑冠军，具有消费的风向标意义。瑞幸咖啡将互联网广告和电梯广告组合使用，有效地将品牌信息精准传达给目标受众，使品牌得到了极大的渗透。瑞幸咖啡选择张震和汤唯作为代言人，他们对职场人士有较大的影响力，能够消除受众对瑞幸咖啡的陌生感。

瑞幸咖啡选择投放的分众电梯广告主要集中在城区写字楼与社区中，不考虑该区域当前是否可配送。其投放广告优先考虑更广泛的覆盖目标人群，部分未开店区域也可作为新店提前预热。在消费者上下班等电梯的这两三分钟之内，瑞幸咖啡凭借有冲击感的画面、欢快活泼的音乐节奏牢牢抓住了消费者的视听感官，"这一杯，谁不爱"的广告语以"强制观看＋重复播放"的传播方式给目标消费者留下了深刻印象。

线上，瑞幸咖啡基于每一个新开的门店半径1.5千米之内通过精准微信LBS商圈定投迅速告知周边人群，以首单免费的方式获取第一批下载用户，用强力有趣的裂变拉新（拉一赠一）吸引存量用户找增量用户的营销模式，借助社交传播，实现病毒式增长。在提高用户存留率与活跃度上，瑞幸咖啡后续又推出了咖啡券买2赠1、买5赠5等各式各样的发券活动，促进用户多次购买，增加用户黏性。

五、营销推广方式调整

在产品宣传和推广上，传统的营销推广渠道有报纸、户外媒体、电视等，而随着互联网日趋商用，新零售开始影响各行各业。

（一）新零售模式的形成与发展

新零售商业模式简单来说就是，线上线下趋于统一化、专业化。其实，消费者最开始选择电商消费的主要原因，不外乎线下零售店的体验不好，且价格高昂。随着线上线下及物流的融合，未来零售体或将统一价格、质量、体验等方面，打破卖家秀与买家秀的落差，提供专业的服务、产品给消费者。

过去，品类丰富的大型综合超市拦截了大部分小超市的生意，如今它们反过来被社区型小型零售体影响。随着社区消费趋势铺展开来，社区化将成为零售行业未来发展的重要方向。沃尔玛、塔吉特等已经在国外开始做小型实体零售门店服务了，人口密集处的邻里社区型门店是它们瞄准的方向。我们相信，这样精细化运营的门店很快也会在国内出现。

随着用户消费需求的差异日趋明显，一些个性化、创新性的消费模式将更受欢迎，如小众品牌的买手店模式。随着消费体验的优化，消费者购买力会提升，企业也会从中受益。

随着线上线下的结合，需求及生产供给信息相互融合，从生产到消费，企业可以通过大数据等科学技术进行预测，以控制产能，全面消灭库存，提高效益。

（二）营销推广调整与优化案例

👁 **案例**

洁柔纸业

中顺洁柔纸业股份有限公司（以下简称洁柔），位于广东省中山市，是一家集研究、开发、生产、销售为一体的现代化生活用纸企业，属国内生活用纸行业第一梯队企业。

洁柔在45周年之际，策划了一场吸睛的"国货联动营销"，携手京东庆邀请45+国货品牌，用线上＋线下的系列营销组合拳借助内容受众的自主传播，为优质的国货品牌创造更多"被看见"的可能。

在庆典上，洁柔结合品牌定位，发布了线上45周年主题献礼片，以"国货柔软有力量"为核心，通过一个个真实且动人的故事和细腻的镜头语言，精准捕捉大众生活45年间的发展变化和需求，营销活动不但加深了观众的代入感，短片更是给大众带来鼓舞人心的力量。

值得一提的是，在这些人物群像故事中，洁柔始终陪伴在大众每一个温暖、失意、美好、治愈的瞬间，洁柔生活用纸的更新迭代也越来越细分化。

从普及卫生纸到经典精品三层卷纸再到 Face 系列、Lotion 系列、100% 纯棉棉柔巾、棉柔感系列……随着这些细分产品的相继推出，无论在任何场景，洁柔的每一次柔软抚慰都能给大众带来继续向前的力量。

最令人动容的是，这支品牌 TVC 不仅仅是洁柔的"个人秀"，在视频片尾，洁柔用心地用滚动字幕鸣谢陪伴国人成长的 45 个国货品牌，并配上朗朗上口的广告语，为这些优质国货发声。洁柔还暖心推出 45 周年定制版纸巾，并把 45 个优质国货品牌的 logo 印在包装上，让更多人看得到这些国货品牌。

洁柔的这一做法，向大众直观展示了老牌国货的担当，让大众对更多的优秀国货品牌有了更深的认识，这场活动既收获了短期的声量大爆发，又获得了长期的品牌资产增量。一方面，洁柔将有趣、有料的互动体验覆盖到更多的用户群体；另一方面，洁柔也让更多的优质国货品牌被大众看见，彰显了洁柔的品牌责任与担当。

☞ **随堂讨论问题**

1. 商业模式画布包含哪些模块？这些模块的应用顺序是什么？
2. 文创项目常见的商业模式有哪些？

3. 商业模式构建的步骤是什么？

4. 样本市场测试的方法有哪些？

☞ **作业**

1. 你认为企业有了好的商业模式就能成功吗？请简述理由。

2. 请自行选择一个企业，对其进行商业模式分析诊断与优化创新。

08 第八章
创业计划书

创业维艰，奋斗以成。创业的过程涉及方方面面，事务众多且繁杂，但并非无章可循。创业计划书就是对新企业创办之前的所有准备工作的总结和整合，用以描述拟创办企业相关的内外部环境条件和要素特点，帮助创业者对创业项目做更进一步的认识和分析，减少创业过程中的损失，提高创业成功率。

第一节　创业计划书概述

"如果你想踏踏实实地做一份工作，写一份创业计划书，它能迫使你进行系统的思考。有些创意可能听起来很棒，但是当你把所有的细节和数据写下来的时候，自己就崩溃了。"

——克雷那（著名投资家）

一、创业计划书的概念

创业计划书是企业或项目单位在创业初期所编写的一份书面创业计划，是在前期对项目进行科学合理的调研、分析及策划的基础上，根据一定的格式和内容将创业项目的当前状况及未来发展潜力进行全面展示的计划性文件。

撰写创业计划书的基本目标在于：传递创业者的创业思路和愿景；明确并分析企业发展战略及主要策略；寻找潜在投资者进行创业融资；分析并规避创业风险，提高创业成功率。

二、创业计划书的作用

（一）创业计划书是对未来创立企业的系统规划

"凡事预则立，不预则废。"创业计划书是创业者事业的蓝图，撰写创业计划书的过程也是创业者理清创业思路的过程。在创业中遇到的问题多而复杂，如行业问题、团队问题、管理问题、资金问题、产品问题、销售问题等，而创业者则需要在创业前期将这些问题提前考虑并提出解决对策，对未来拟创办的企业制定一个系统的规划，并进行总体安排。

（二）创业计划书是一份创业指南

除了能让创业者对拟创办企业有更清晰的把握，明确自己在创业过程中所要做的事情之外，创业计划书还能帮助新企业明确未来发展方向和商业发展蓝图，也能给阅读者呈现项目的商业创意价值，引起投资者的兴趣并获得商业投资，为新开办企业注入创业资金。此外，创业计划书还能使团队成员明确自己在企业中充当的角色和承担的任务，让成员看到企业的希望和未来，共同为新企业的发展而不懈奋斗。

（三）创业计划书是自我推销文书

创业计划书为新企业提供了一种向潜在投资者、供应商、商业伙伴和关键职位应聘者展示自身的机制。这种机制清晰地展现了新企业如何通过各部分的有机匹配来塑造并实现其使命和目标。

三、创业计划书的类型

一般来讲，按照篇幅和精细程度，创业计划书可分为 3 种类型：简略创业计划书、详尽创业计划书和企业运营计划书。

（一）简略创业计划书

简略创业计划书的篇幅一般为 10 ～ 15 页，主要适用于处于发展早期、还不准备写详尽创业计划书的企业或项目单位。简略创业计划书的制定者可能正在寻找资金，以便为撰写详尽的创业计划书进行必要的分析工作。值得注意的是，那些正考虑创办新企业却不愿花时间撰写详尽创业计划书的有经验的创业者也会使用简略创业计划书。

（二）详尽创业计划书

详尽创业计划书比简略创业计划书更为详细，篇幅一般在 25 ～ 35 页，此创业计划书是用来更加具体且清晰地说明企业的发展方向和经营策略的，通常是为投资者而准备的，以便获得创业资金。需要注意的是，在创业过程中，详尽创业计划书并非是内容越多越好，而是要做到精练、准确且充实。

（三）企业运营计划书

部分已建企业也会撰写企业运营计划书进行展示，它是企业经营的蓝图，主要为企业内部读者服务。一般而言，此类计划书的篇幅为 40 ～ 100 页，其最大特点在于涵盖企业的大量细节信息。对于新创企业而言，设计一份优秀的企业运营计划书能为管理者提供更好的运营指导。

四、创业计划书的阅读者

当我们写好了创业计划书，我们把它拿给谁阅读呢？

（一）创业团队

创业计划书的首要阅读者是创业团队。对新企业管理者和普通员工来说，撰写一份明确阐述企业前景和未来规划的创业计划书十分重要。创业计划书撰写过程的价值并不亚于创业计划书本身，因为撰写创业计划书能促使管理团队仔细考虑企业的方方面面，并在商讨过程中就企业最重要的目标和事项达成一致。表述清晰且内容精确的创业计划书也有助于企业普通员工更好地协调工作并保持一致的行动，向既定目标前进。

（二）投资者和其他外部利益相关者

投资者、潜在商业伙伴、潜在客户、前来应聘的关键员工等外部利益相关者是创业计划书的第二类读者。要吸引这部分人，创业计划书的内容必须切实可行，不能过分乐观。同时，创业计划书必须明确显示商业创意可行，并且与那些风险更小的投资选择相比，其商业创意能给潜在投资者带来更高的资金回报。

在向他人陈述创业计划书之前，企业必须论证其商业创意的可行性，开发出一套行之有效的商业模式，并深入认识所处的竞争环境。在创业计划书中，企业所能展现的最引人注目的事实是可行性分析结论，以及对有竞争力的独特商业模式的描述。如果商业模式仅建立在创业者的预测和对企业前景的预估上，则显得苍白无力。除了上述问题，创业计划书还需要阐明新企业在开始赚取收入之前必须解决的资源匮乏问题。

第二节　创业计划书的撰写

对于创业者来讲，创业计划书是至关重要的，而且它也是建立业务的一个重要的工具。当你有了一个不错的创意，发现了市场需求和机会时，就可以撰写一份创业计划书，将你的创业点子展示给合作伙伴，展示给潜在投资人，以成就你的梦想，实现自我价值。

一、创业计划书的特点

创业计划书主要用于两类场景，一类是真实的投融资环境，另一类就是各类大学生创新创业赛事。这两类场景下的创业计划书的创作有着不同的特点。

尽管有许多不同之处，创业计划书还是有许多共同点的，如它们都会对一项业务所带来的机遇和风险进行明确的综合评估，而这不是一件容易的事情。以下建议和指导原则将帮助创业者成功撰写一份创业计划书。

投资者应当能够在创业计划书中找到他们所关注的问题的答案，很容易找到他们特别感兴趣的话题。这就要求创业计划书必须有一个清晰的结构，使投资者能够灵活地选择他们想要阅读的部分。说服投资者的不是分析内容和数据的多少，而是创业计划书的组织结构和基本观点的集中程度。投资者阅读创业计划书时，创业者可能并不在场，因此不能及时回答问题并解释方案。考虑到这个因素，创业计划书的正文必须清楚明了，并能够自圆其说。

有些人在讲述他们所认定的好的创意时会得意忘形。的确，有些内容需要以一种充满激情的方式讲述，但你应该尽量使自己的语气比较客观，使投资者有机会仔细地权衡你的论据是否有说服力。如果一份创业计划书写得像煽情的广告，那么它很可能会激怒投资者而不是吸引，会导致投资者对创业计划书产生怀疑甚至是拒绝接受创业计划书。

一些创业者相信，他们可以用丰富的技术细节、精心撰写的蓝图及详细的分析给投资者留下深刻的印象。事实上，只在极少数情况下会有技术专家详细地评估这些数据，因此创业者需要通过更通俗、更直接的方式让投资者了解技术的先进性。大多数情况下，简单的说明、流程图和照片足矣，详细的技术细节（如专利证书等）可以在附件里呈现。

二、创业计划书的撰写结构

创业计划书的内容主要包括执行摘要、背景分析、产品或服务、市场与竞争分析、营销计划、组织计划、财务计划、融资计划等部分。

（一）执行摘要

执行摘要的主要目的是让投资者和评委快速地对整个项目有一定的了解，同时对项目产生较大的兴趣。一般来说，这个板块的篇幅不宜太长，但是内容要足够精练，包括但不限于以下内容：我们的项目团队用了什么样的技术；为什么样的群体提供了什么样的产品或服务；这个群体在获得这种产品或服务以后，有什么样的收获和体验；他们给予了我们什么样的认可和反馈；现阶段我们做得怎么样；未来我们要怎么做；未来我们要做到什么程度。

（二）背景分析

创业项目的背景分析有助于投资者和评委迅速了解项目现阶段的发展情况。一般来说，在这个板块，需要向投资者和评委讲清楚项目现阶段的市场规模有多大，近几年的发展趋势如何，未来的发展趋势如何，以及在这个行业领域内是否有相关的支持政策，现阶段该行业领域是否还存在一些急需解决的痛点问题。

（三）产品或服务

创业计划书来源于一个创新的产品或服务，以及这个产品或服务对终端客户的价值。将创业项目的产品或服务同市场上现有的或即将出现的产品或服务区分开来是十分重要的。另外，对创业项目目前的发展进程及后续工作的简短介绍也是必不可少的。

如果创业项目的产品或服务无法和现有的产品或服务竞争，那么创立新的企业就意义不大。创业者必须确保自己在创业计划书中详细讨论了产品或服务的作用，以及消费者能从中获取的价值。

　　如果竞争对手已经在提供类似的产品或服务，那么创业者就必须有力地证明消费者能从自己新创立的企业中获取更多的价值。要做到这一点，创业者需要从消费者的角度出发，站在消费者的立场上仔细评估，如果以同样的标准进行衡量，自己的产品或服务相对于其他类似产品或服务有什么优势和不足。

　　创业者提供的是一系列创新性的产品或服务，应当根据产品或服务和客户对其进行分类，把它们列入符合逻辑的业务领域，并且对各个业务领域进行详细的界定，以确保它们之间没有重叠。

　　要说明这一点，创业者可以假设自己是一个投资者，正试图把参与这个项目将会面临的风险降到最低。在表述时应当尽量避免技术细节，并尽可能简单地进行解释。已完成的产品原型会让潜在投资者知道创业者已经准备好应对技术挑战。如果照片或草图能加强阅读者对产品的理解，不妨在创业计划书中加入一些照片或草图。如果已经有客户在试用创业者的产品或服务，可以对比加以阐述。

　　同时，创业者还应当说明自己的创意本身及自己与竞争对手相比的优势。在这里，创业者应当强调通过申请专利来保护自己的产品或服务不被盗版或模仿，或者通过注册来保护产品原型。如果在开发过程中仍然存在问题，一定要指出这些问题并说明解决方案。

　　产品或服务将会涉及的法规要求是另一种形式的风险。在创业计划书中要说明创业者已经获得的许可、已经提出的许可申请或即将提出的申请，例如政府相关部门的许可证。

（四）市场与竞争分析

　　对客户及其需求的深入了解是所有创业项目成功的基础。因为客户才是企业得以存在的原因。并且，通过购买或不购买你的产品或服务，客户将最终决定创业企业能否成功，以及创业企业将获得多大的成功。必须让客户确信，购买你的产品能够比购买同类产品获得更大的价值，这样他们才会选择购买。因此，对市场与竞争的充分了解是创业者事业成功的关键。

　　只有在市场潜力很大的情况下，企业的价值才会有迅猛增长的可能。市场规模应以具体的数字来表示，如客户数量、单位销售额及总销售额等。创业者对市场增长的预期是非常重要的，因此应当指出现在影响或可能影响该行业的市场细分的主要因素，说明哪些因素会影响市场增长，并说明它们与创业企业的关系。

　　进行分析所需要的外部资料通常都比创业者想象的更易获取。要有创造力和决心，充分利用所有可能的资料来源，包括行业文献（杂志、市场研究报告、学术文章等）、行业名录、协会和政府机构（统计局、商会、专利局等）、行业调查机构、数据库、互联网（注意要有重点地进行查询），当然还有访谈录。另外，针对意向客户进行深度访谈通常也能获得有益的信息，使用简短的讨论提纲将会提高你的效率，同时也能使对方愿意透露更多的信息。

　　需要注意的是，创业者收集到的单个数据通常不能直接回答具体问题，创业者必须在这些数据的基础上进行归纳和分析，并做出正确的预测。创业者进行预测时，应遵守以下规则。

　　第一，数据准确。在预测时可能会有很多未知因素，但是如果创业者的预测是建立在容易证实的数据的基础上的，那么这项预测就很难被推翻。

　　第二，合乎逻辑。创业者的预测应当合乎逻辑（即不应有逻辑的跳跃，也不应将预测建立在未经详细说明的设想上）。

　　第三，核对资料。利用一切可能的资料核对自己所掌握的数据和信息，如在访谈中得出的结论。

　　第四，富有创意。创业者收集的数据要具有一定的创意性，变换多种角度进行分析。

　　对创业者所阐述的目标客户和其所规划的市场前景（销售量、销售收入、市场份额和利润）进行详细说明。要做到这一点，创业者必须细分自己的市场。市场细分的标准由创业者决定，只要创业者确信每个细分市场中的客户量及他们的行为模式是可以确定的，并且确信同一种营销战略适用于该细分市场中所有的客户。创业者应该在考虑到销售战略和竞争行为的情况下，确定每一细分市场在一定时期内的销售收入。

　　明确竞争对手的优势和不足。要做到这一点，创业者应当用同一种标准来评估自己主要的潜在竞争对手，评估内容包括其销售量和销售收入（定价）、市场份额、成本定位、产品类别、客户支持、目标客户群和分销渠道等。在进行分析时，创业者可以借助波特五力模型（供应商的讨价还价能力、购买者的讨价还价能力、潜在竞争者进入的能力、替代品的替代能力、行业内竞争者现在的竞争能力）梳理竞争关系。

　　为什么一个潜在客户会购买你的产品而不是你竞争对手的产品？因为相对于其他产品而言，你的产品能为客户提供更多的价值；因为你的产品在客观上或者在情感上"更好"；因为你已经为你的业务创意建立了一个价值主张和独特的定位。阐述这种价值主张并将其深深根植于消费者的脑海中，就需要定位项目的核心优势。

　　具备核心优势的产品会给消费者留下一个独特的印象，因此定位核心优势时最重要的指导方针是从消费者的角度看待产品，重点在于更好地满足消费者的需要，而不是展示新产品的性能。该产品能提供给消费者的价值优势必须一目了然，易于记忆，并且一定要对消费者很重要。同时，产品定位必须与竞争对手的产品定位有所区别，只有这样才能使消费者将你的价值主张与所提供的产品的名称联系起来，并购买你的产品。

（五）营销计划

　　一个构思完善的创业理念的关键因素就是规划缜密的市场营销和销售活动。创业项目的市场进入、市场营销的一整套战略的阐述必须具有说服力。

　　产品策略是市场营销战略的核心，价格、销售渠道、促销策略等都要围绕产品策略展开。

产品策略，主要是为目标市场开发合适的产品或产品组合。在深入分析了解不同客户群的需求之后，创业者需要以此为标准来评估产品是否能满足这些需求：是生产一种产品来满足所有客户群的需求，还是针对不同客户群的具体需求对产品进行调整。

另一方面，创业者还需要在该部分将产品具象化，对其品种、规格、式样、质量、包装、特色、品牌，以及后续服务措施等因素进行说明。

在对产品进行定价时，必须要考虑以下因素：产品成本、竞争者价格、替代品价格和消费者感受到的产品价值。在此基础上，最终确定的产品定价要介于两个极端（一端为低到没有利润的价格，另一端为高到无人问津的价格）之间。

销售渠道是指产品从生产者传送到消费者手中所经过的全过程，以及相应设置的市场销售机构。正确运用销售渠道，可以使企业迅速及时将产品转移到消费者手中，达到扩大产品销售、加速资金周转、降低流动费用的目的。

任何一家企业要把自己的产品顺利地销售出去，都需要正确选择产品的销售渠道。选择销售渠道的内容有两个方面：一是选择销售渠道的类型，二是选择具体的中间商。

按照产品在交易过程中是否经过中间环节来分类，销售渠道可以分为直接式和间接式两种类型。直接式销售渠道是指企业采用产销合一的经营方式，即产品从生产领域转移到消费领域时不经过任何中间环节；间接式销售渠道是指产品从生产领域转移到消费者手中要经过若干中间商。

直接式销售策略销售及时，中间费用少，便于控制价格、及时了解市场，有利于提供服务等优点，但是此方法会使生产者花费较多的资金、场地和人力，所以消费广、市场规模大的产品不宜采用这种方法。间接式销售策略由于有中间商加入，企业可以利用中间商的知识、经验和关系，起到简化交易，缩短买卖时间，集中人力、财力和物力用于发展生产，以提高产品的销售量等作用。

一般来讲，在以下情况下适合采取直接式销售策略：市场集中，销售范围小；主要生产技术性强或者制造成本和售后差异大的产品，易变质或者易破损的产品，定制品等；企业管理能力较强，经验丰富，财力雄厚，或者需要高度控制产品的营销情况。反之，则适合采取间接式销售策略。

销售渠道按其长度来分类，可以分为若干不同的类型。产品从生产领域转移到消费者手中的过程中，经过的环节越多，销售渠道就越长；反之就越短。消费品销售渠道有 4 种基本的类型：生产者—消费者、生产者—零售商—消费者、生产者—代理商或者批发商—零售商—消费者、生产者—代理商—批发商—零售商—消费者。工业品销售渠道有 3 种基本的类型：生产者—工业品用户、生产者—代理商或者工业品经销商—工业品用户、生产者—代理商—工业品经销商—工业品用户。企业决定采用间接式销售策略后，还要对适用渠道的长短做出选择。从节省产品流通费用、加速社会再生产过程的要求出发，企业应当尽量减少中间环节，选择短渠道。但是也不要认为中间环节越少越好，在多数情况下，批发商的作用是生产者和零售商无法替代的，因此企业决定采用长渠道销售策略还是短渠道销售策略时，必须综合考虑产品的特点、市场的特点、自己的条件，以及策略实施的效果等。

一般来讲，在以下情况下适合采取短渠道销售策略：从产品的特点来看，易腐、易损、价格高、高度时尚、新潮、售后服务要求高而且技术性强；零售市场相对集中，需求数量大；企业的销售能力强，推销人员素质好，资金雄厚，或者增加的收益能够补偿花费的销售费用。反之，则适合采取长渠道销售策略。

销售渠道的宽窄，就是企业确定由多少中间商来经营某种产品，即决定销售渠道的每个层次（环节）适用同种类型的中间商的数目是多少。

促销策略是指企业如何通过人员推销、广告、公共关系和营销推广等各种促销手段，向消费者传递产品信息，引起他们的注意和兴趣，激发他们的购买欲望和购买行为，以达到扩大销售的目的的活动。企业将合适的产品，在适当地点、以适当的价格出售的信息传递到目标市场，一般是通过两种方式：一是人员推销，即推销员面对面地对消费者进行推销；另一种是非人员推销，即通过大众传播媒介在同一时间向大量消费者传递信息，主要包括广告、公共关系和营销推广等多种方式。这两种推销方式各有利弊，起着相互补充的作用。此外，目录、通告、赠品、店标、陈列、示范、展销等也都属于促销策略。一个好的促销策略往往能起到多种作用，如提供信息情况，及时引导采购；激发购买欲望，扩大产品需求；突出产品特点，建立产品形象；维持市场份额，巩固市场地位；等等。

信息有效传递的费用是非常高昂的，所以更应该让这笔钱花得值。准确计算在每笔销售中你所能负担的促销费用，然后据此选择适当的沟通渠道和媒体，有重点地传递信息能产生最佳的效果。

（六）组织计划

创业项目的组织计划主要呈现为管理团队与组织结构。

创业项目的管理团队是非常重要的部分。在投资者看来，一个好的团队比一个好的项目要重要得多。在讨论管理团队的资历时，一定要强调那些对实施具体项目非常重要的管理者，突出其专业经验和相关项目运营经历，以证明团队能够有效把控当前的创业项目。

同时，还需要介绍创业项目的职权如何分配，并指出哪些职位还需要进一步加强，同时指明对项目运营有直接影响力的顾问，尤其是行业内的资深专家。顾问的大量参与是专业化的表现，并且会使投资者相信创业者拥有可能需要的一切帮助。

投资者看重的管理团队的要素有：团队成员是否已经开始合作，团队成员是否具有相关经验，团队成员是否已经达成角色共识，所有权问题是否已经得到解决，团队成员是否认同共同目标，团队成员是否有足够的创业动力。

在项目初创阶段，最基本的是明确任务和职责，并且设计出一个层次较少的简单的组织结构，其他的则在具体运作中视需要而定。创业项目的组织结构必须要灵活，并且能够根据新的情况随时进行调整，创业者要做好在最初几年内重组公司的准备。明确每个人所负责的业务领域（任务和职责分配），一旦公司内部的职能部门确定下来，如管理、人力资源、财务和行政管理等，就应当准备好开始运作。如果能够保持组织结构的简单化，那么每一个员工都能很清楚地知道自己的职责，并能够独立地完成自己的任务。

此外，在这部分内容中，还应对公司结构做简要介绍，包括公司的组织机构图；各部门的功能与责任；各部门的负责人及主要成员；公司的报酬体系；公司的股东名单，包括认股权、比例和特权；公司的董事会成员；各位董事的背景资料；等等。

（七）财务计划

财务计划可以帮助创业者评估创业项目，以确定它是否能够盈利及是否可以得到融资。为了达到这个目的，创业者必须对前面所有章节中的成果进行整理和汇总。预计的价值增长来自项目运作所规划的现金流量，而规划的现金流量也为项目的各种融资需求提供了信息。另外，业务的盈利状况也可以在损益表中表现出来。根据创业和税收方面的法律，损益表是必不可少的。

预测的现金流量表、损益表与资产负债表，是对未来 3 ～ 5 年的预测，至少要有 1 年是实现了收支平衡的（即有了正现金流），所有数据都必须基于合理的假设。

创业项目的资产是增长了还是减少了取决于其年终时的税前利润。损益表可以帮助创业者对此进行预测。同现金流量表相反，损益表关注的是交易究竟是使公司的净资产（等于所有的资产减去负债）增加（即收入）了还是减少（即支出）了。

仔细斟酌整个创业计划书，确定创业项目的假设究竟会带来收入还是支出，并且，确定这些收入或支出分别会是多少。同时，在投资和折旧规划中列出冲销的项目。投资本身的成本（即投资项目的购买价格）是不计入损益表的，因为付出的金额并不会使公司的净资产发生变化。材料成本包括所有原材料、辅助材料、耗材供应及所购货物和服务的支出。

创业项目的计划人力资源支出将列在人事成本一项中，它包括工资、社保基金及税收等。为了简便，"其他成本"可被看作综合性的项目，它包括房租、办公设备、邮资、广告及法律顾问等方面的支出。在分配各项收入和支出时，要严格遵守有关法律规定。最后，计算一个财务年度中所有收入和支出之间的差额，从而得出年度净利润或净亏损。这会使创业者对经营状况有个总体的了解，但它无法对流动资金级别进行可靠的评估，因此创业者需要通过现金流量表来预测。

产品或服务的销售会被计入当前财务年度，即使对其的支付要到下一年才会发生；需要列出销售收入，即使该款项还没有存入公司的账户。支出记录也适用同样的原则。损益表是以年度为单位的。为了提高第一年预测的准确性，创业者应当预测当年每月的资产损益状况，并且对第二年按季度进行预测。至于第三年、第四年及第五年，则继续以年度为单位进行预测。

创业项目在任何时候都应该有一定的现金可供使用，以避免资金周转困难，并最终导致破产。破产意味着创业项目在财务上的彻底失败。详细的现金流量计划有助于确保创业者拥有正的现金流。原则很简单：将收入与支出直接进行比较。需要注意的是，开出发票和收到发票并不意味着该笔款项已在公司的账户之中或者公司已经支付了该笔款项。现金流量计划要关注的是当资金真正地流入或流出时的支付期。因此，现金流量表只涉及那些真正引起现金存量变化的交易。折旧、负债及非市场产出都是不包括在现金流量表之中的。

创业者应该列出自己所预期的所有支出的数量和时间安排。如果创业项目的收入大于支出，那么这时候创业者是有偿付能力的。当创业者的规划不能应付所有的开支时，就必须从外部引进资金。在规划期间，所有这些单独支出的款项的总和应该和所需的资金总额相等。

投资者感兴趣的是创业项目的资产将如何增长，而这种增长正是通过资产负债表来反映的。在资产负债表中，资产的价值和种类是计入资产项目的，而资本的来源则被计入负债那一项中。同损益表相同，资产负债表也有一套由法律规定的标准的会计格式，它们是以年度为单位来记录的。

（八）融资计划

现金流量计划使创业者得以了解创业项目所需的融资数量及融资时间，但它并不能说明将如何获取这些融资。创业者通常将外部融资分为股权（投资者在公司中拥有股份）和贷款（这些资金是从外部资源中借贷的）。创业者应当从无数可能的资金来源中选择合适的融资组合。

"天下没有白吃的午餐。"资金也是如此。亲朋好友也许会无条件为创业者的创业项目提供资金援助，但专业借贷者却绝不会这么做。

所有的创业团队可以向投资者提供的都只是一个承诺，而这使得创业团队在谈判中处于不利的地位。然而，如果创业项目已经取得部分收益，就能够增加投资谈判的砝码，因为职业投资者也很看重团队的出色业绩。

如果创业者寻求的是长期投资，而又不打算将公司的规模发展得很大，那么创业者最好利用家庭资金或向朋友、银行借款。在这种情况下，创业团队可以拥有公司的大部分股权，但这同时也极大地限制了公司进一步发展的可能性。

如果创业者期待快速发展，那么就需要获取风险投资，但风险投资者通常会要求在公司中拥有较多股份。然而在另一个层面，风险投资者也带来了更多的项目资源，例如法律或营销等方面的专家技能、关系和网络等。

从投资者的角度而言，对创业项目投入的任何资金都将首先导致负的现金流。当企业开始获得盈利的时候，这些盈利并不会立刻以红利的形式付给投资者，而是被用来充实资产负债表。现金最终会返还给投资者。因为现金流会在几年内持续存在，它们必须被折现，即计算出现在的价值（利息和复利计算）。

创业是创造财富的高难度复杂任务，而创业计划书的撰写是创业者把各项复杂任务"书面化""可视化"的过程。

创业计划书并不是将初创企业的创业模式机械性地进行陈列，而是要清晰地将初创企业的产品、服务、市场、竞争环境、营销计划、组织计划和财务计划等清晰地呈现出来。它既可以在团队内部对核心成员的任务进行指导，也是路演和融资的重要材料。

创业计划书的撰写需要所有核心团队成员参与，这既是对团队协作能力的又一次考验，又是让各个职能部门的人员明确责任的重要过程。因为创业过程中初创企业的创业模式需要调整和优化，同时创业团队也会面对各种各样的投资者，所以创业计划书往往需要撰写多个版本。因此，创业团队应该熟练掌握撰写创业计划书的整个流程，并形成修改和完善创业计划书的习惯。

☞ **随堂讨论问题**

1. 创业计划书撰写的目的是什么？（不少于 3 点）
2. 创业计划书撰写过程中应注意哪些问题？
3. 项目的商业模式应如何进行设计与撰写？

☞ **作业**

1. 一份优秀的创业计划书应从哪些模块着手撰写？
2. 请以小组为单位撰写一份完整的创业计划书。

09 第九章
创新创业大赛实践

目前，国内的创新创业大赛主要有中国国际大学生创新大赛、"挑战杯"中国大学生创业计划竞赛，以及各种地方性、行业性创新创业大赛等，大学生在参加这些赛事的过程中会得到很多锻炼的机会。创新创业大赛，是就业、创业锻炼的载体，通过参加比赛，大学生能体会到社会需求与所学专业的关系、学习的课程知识与实践应用的差距、自己还有哪些欠缺之处，同时增强自己的动手能力、创新研究能力、团队协作精神。

第一节　创新创业大赛概述

大学生想要参加创新创业大赛，首先需要对大赛的定义、大赛的类型、参加大赛的意义、各类大赛的基本情况有一些认识和了解。

一、创新创业大赛的定义

创新创业大赛是由政府、社会机构（含企业）、高校等组织的，面向大学生、创业者、潜在创业者和创业企业开展的，以聚焦产品或服务的商业化运作、提升参与者创业能力为目的，以考核计划书为形式，以考核项目质量为核心的赛事。

大学生是实施创新驱动发展战略和推进大众创业、万众创新的生力军，这需要他们既要认真扎实学习、掌握更多知识，也要投身创新创业、增强实践能力。创新创业训练和竞赛是连接理论教学与社会实践的平台，是我国创新创业教育的一个重要环节。创新创业大赛能够进一步深化高等教育综合改革，激发大学生的创造力；推动赛事成果转化，促进"互联网＋"新业态形成，服务经济提质增效与升级；以创新引领创业，以创业带动就业，推动高校毕业生更高质量创业就业。

二、创新创业大赛的类型

创新创业大赛依据不同的划分标准可以分为不同的类型。

（一）根据组织方分类

根据组织方不同，创新创业大赛主要分为政府主导型、高校主导型和社会主导型。

（二）根据面向的对象分类

根据面向的对象不同，创新创业大赛主要分为在校大学生创新创业大赛、毕业大学生创新创业大赛、青年创新创业大赛、全民创新创业大赛和农民创新创业大赛。

（三）根据项目倾向分类

根据项目倾向不同，创新创业大赛主要分为"互联网＋"大赛、农村创业创新项目大赛、公益创业大赛和行业创业大赛。

三、参加创新创业大赛的意义

大学生参加创新创业大赛，一方面可以很好地锻炼自己，另一方面对项目落地、推动国家创新创业战略具有非常重要的意义。

（一）有利于促进创业项目的发展

1. 完善作用

大赛项目一般都要经历层层筛选，经过磨砺后创业项目的质量会逐步完善；参赛者能发现自身价值，能够从初赛阶段的青涩逐渐变得成熟起来。

2. 融资作用

吸纳包括银行、创业投资机构在内的社会各方力量广泛参与，搭建融资服务平台；在评审过程中，投资机构和企业的评审专家可能当场进行投资；有利于团队或企业广泛地了解创业扶持政策、融资渠道。

3. 宣传作用

利用电视、新媒体等互动方式，有利于树立品牌、获得关注度；与创业路演相比，创新创业大赛在宣传方面的作用更为突出。

（二）有利于推动创新创业的国家战略

1. 培育作用

刺激更多的人投身创新创业大潮，促进科技创新和成果转化，培育高水平、高层次、高素质的创业团队和具有核心创新能力的高成长性战略性新兴产业源头企业。

2. 营造氛围

激发更多大学生的创新创业精神，吸引优秀的创新创业人才关注，从而营造"鼓励创新、支持创业"的氛围，为将中国建设成创新型国家奠定基础。

3. 促进作用

聚集各种创新资源，可吸纳包括创业投资机构在内的社会各方力量广泛参与对科技型中小企业的投入，为创新创业团队和企业搭建融资服务平台，促进科技与金融的结合，促进中小企业的创新发展。

四、大学生创新创业大赛介绍

创新创业大赛的种类较多，适合大学生参加的主要有中国国际大学生创新大赛、"挑战杯"中国大学生创业计划竞赛、中国杭州大学生创业大赛、"中国创翼"创业创新大赛等。

（一）中国国际大学生创新大赛

中国国际大学生创新大赛（原名：中国国际"互联网+"大学生创新创业大赛）是由教育部与各地方政府、各高校共同主办的大学生双创赛事。中国国际大学生创新大赛自2015年创办以来，累计有2533万名大学生、603万个团队参赛，覆盖120余个国家和地区，涌现出一大批科技含量高、市场潜力大、社会效益好的高质量项目，已经成为覆盖全国高校、面向全体大学生、影响最大的高校双创盛会。

到2023年，中国国际大学生创新大赛已经举办九届。作为我国深化创新创业教育改革的载体和平台，大赛的主要任务是以赛促教，探索人才培养新途径；以赛促学，培养创新创业生力军；以赛促创，搭建产教融合新平台。中国国际大学生创新大赛拥有多个赛道，包括高教主赛道、"青春红色筑梦之旅"赛道、职教赛道、产业命题赛道和萌芽赛道。

从第三届大赛开始，组委会从参赛学生中公开招募了百余支大学生创业团队走进延安，组织实施"青年红色筑梦之旅"活动，帮助大学生了解国情民情，帮助革命老区人民脱贫致富。创新创业不是虚无缥缈地妄想，而是与乡村振兴战略相结合，以青春之奋斗领航民族之振兴。

大赛时间：每年4～10月。

（二）"挑战杯"中国大学生创业计划竞赛

"挑战杯"中国大学生创业计划竞赛由共青团中央、中国科学技术协会（简称"中国科协"）、教育部、中华全国学生联合会（简称"全国学联"）联合主办，已被公认为中国大学生科技的"奥林匹克"盛会。竞赛采取学校、省（自治区、直辖市）和全国三级赛制，旨在引导大学生适应深化教育改革、推进素质教育的要求，了解创业知识，培养创业意识，树立创业精神，增强创业能力。它借用风险投资的运作模式，要求参赛者组成优势互补的竞赛小组，提出一项具有市场前景的技术、产品或服务，并围绕这一技术、产品或服务，以获得风险投资为目的，完成一份完整、具体、深入的创业计划。

我国的创业计划竞赛最早于1998年在清华大学举行。1999年，由共青团中央、中国科协、全国学联主办，清华大学承办的首届"挑战杯"中国大学生创业计划竞赛成功举行。2000年，第二届"挑战杯"中国大学生创业计划竞赛在上海交通大学成功举办。

为贯彻落实党中央有关指示精神，适应大学生创业发展的形势需要，在原有"挑战杯"

中国大学生创业计划竞赛的基础上，共青团中央、教育部、人力资源社会保障部、中国科协、全国学联决定，自 2014 年起共同组织开展"创青春"全国大学生创业大赛，每两年举办一次。"创青春"全国大学生创业大赛下设大学生创业计划竞赛（"挑战杯"中国大学生创业计划竞赛）、创业实践挑战赛和公益创业赛 3 项主体赛事。

大学生创业计划竞赛面向高等学校在校学生，以商业计划书评审、现场答辩等作为参赛项目的主要评价内容；创业实践挑战赛面向高等学校在校学生或毕业未满 3 年的高校毕业生，且应已投入实际创业 3 个月以上，以盈利状况、发展前景等作为参赛项目的主要评价内容；公益创业赛面向高等学校在校学生，以创办非营利性质社会组织的计划和实践等作为参赛项目的主要评价内容。全国组织委员会聘请专家评定出具备一定操作性、应用性，以及良好市场潜力、社会价值和发展前景的优秀项目给予奖励，组织参赛项目和成果的交流、展览、转让活动。

大赛时间：每两年举办一届。

（三）中国杭州大学生创业大赛

中国杭州大学生创业大赛是一项立足杭州、面向全国、辐射全球的大型大学生创业人才和项目选拔活动，以打造全球人才蓄水池和创新策源地为目标。其作为具有全球性号召力的青年创业大赛之一，每两年一届，到 2023 年已举办 8 届，吸引了越来越多的创业团队来到杭州。大赛已经成为政企合作、企企合作的对接平台，更成为引进集聚全国优秀大学生创业项目和人才来杭创新创业的重要平台。大赛非常关注决赛阶段的项目对接，每个赛区都联动辖区内的各投融资机构、大学生创业园及科技孵化器举办各类创新创业环境推介及投融资对接活动，全程助力大赛推进、助力参赛项目顺利在杭州落地转化。

为贯彻落实国务院"大众创业、万众创新"及省委"创业富民、创新强省"的战略，鼓励大学生创新创业，宣传推介杭州创新创业环境，吸引优秀大学生来杭创业，由杭州市人民政府主办中国杭州大学生创业大赛。

大赛时间：每两年举办一届。

（四）"中国创翼"创业创新大赛

"中国创翼"创业创新大赛贯彻党的十九大报告中的"鼓励创业带动就业"精神，落实国家创新驱动发展战略、就业优先战略及人才强国战略，推进"大众创业、万众创新"为核心价值，以营造创新创业氛围、培养创新创业意识为目标导向，以创新引领创业、创业带动就业、助力脱贫攻坚为重点评价指标，突出参赛项目的社会价值和创业者的社会贡献。大赛按照"1+3"模式，即 1 个主体赛加 3 个专项赛。其中，主体赛分为制造业和服务业 2 个项目组；3 个专项赛分别为青年创意专项赛、劳务品牌专项赛和乡村振兴专项赛。按照省级选拔赛（劳务品牌专项赛可直接推荐）、全国选拔赛、全国总决赛三个阶段实施。评审重点突出"创新引领创业，创业带动就业"的导向，重点关注项目的创新性、示范性、引领性及带动就业、助力乡村振兴等社会价值。

大赛时间：每两年一届。

（五）中国创新创业大赛

中国创新创业大赛是由科技部、财政部、教育部、国家互联网信息办公室和中华全国工商业联合会共同指导举办的一项以"科技创新，成就大业"为主题的全国性创业比赛。

大赛以习近平新时代中国特色社会主义思想为指导，深入贯彻落实党中央、国务院重大决策部署和创新驱动发展战略，秉承"政府引导、公益支持、市场机制"的模式，聚焦国家战略和重大需求，围绕产业链部署创新链，突出战略性新兴产业重点领域，强化企业技术创新主体地位，建立健全企业为主体、市场为导向、产学研深度融合的创新要素集聚平台，不断激发市场主体活力、促进高水平创新创业、持续深化新动能培育，既有效发挥政府的统筹引导能力，又最大化聚合激发市场活力。大赛持续推进创新型领军企业构建大中小企业融通发展的企业生态圈，强化"补链强链"，促进创新链、产业链、资金链的有效整合，提升产业链供应链现代化水平，促进国家高新区等创新高地的产业协同和区域协调发展。

大赛旨在搭建为创新创业服务的公共平台，弘扬创新创业文化，营造良好创新创业氛围，支持中小微企业创新发展，推进大众创业、万众创新。

大赛时间：每年 5 ～ 11 月。

（六）中华职业教育创新创业大赛

中华职业教育创新创业大赛是由中华职业教育社主办，教育部、人力资源社会保障部指导的大学生创新创业赛事。大赛着力为广大职业院校学生展示创新创业成果搭建良好平台，引导其学习创业知识，激发创新活力，提高创业能力，进一步弘扬黄炎培职业教育思想，推动落实《国家职业教育改革实施方案》，提高职业教育创新创业教育水平，展示创新创业教育成果，吸引更多的企业及社会各界关注和参与职业教育。

大赛时间：每年 7 ～ 11 月。

（七）移动互联网创新大赛

移动互联网创新大赛旨在推进移动互联网、大数据、人工智能和实体经济深度融合，积极打造我国信息通信领域"大众创业、万众创新"的良好环境，激发大学生等群体的创新创业热情，加快信息通信技术创新人才的培养。

移动互联创新大赛由中国通信学会主办，自 2015 年创办以来，已成功举办 6 届。大赛汇聚了创业者、投资者、产业精英等各类人才，为社会搭建了创新创业的展示与交流平台，促进了信息通信领域政、产、学、研、用的交流合作和人才培养。

大赛特点：①依托中国通信学会资源优势，推动大赛双创项目与企业实际需求对接；

②高校、创业者和企业共同参与，促进人才、技术和市场的结合；③将新模式、新技术赋能企业，为企业创造业务增量。

大赛时间：每年 4 ～ 10 月。

（八）"京津冀 - 粤港澳"青年创新创业大赛

"京津冀 - 粤港澳"青年创新创业大赛是由中国高校创新创业教育联盟发起的国际性创新创业赛事，旨在围绕国家创新驱动发展战略深入实施科教强国战略、人才强国战略、创新驱动发展战略，完善国家创新体系，加快建设科技强国，推动高校创新创业教育改革，探索创新创业人才培养模式，紧密结合中国世界级城市群大发展进程，搭建内地与港澳青年共同创业的合作桥梁，引导高校教师学子与社会创新创业青年人互相交流，作为"创响中国"系列重要活动之一，将发挥促进创新驱动创业、创业引导就业的作用。

大赛主题：创享未来城市。

大赛时间：每年 7 ～ 10 月。

在大学生创新创业竞赛中，不断涌现出科技含量高、市场潜力大、社会效益好的高质量项目，展现了当代大学生奋发有为、昂扬向上的精神风貌。

创新是民族进步之魂，创新型青年人才是国家发展的希望所在。各类大学生创新创业大赛正日益成为培育创新人才的沃土，为建设创新型国家提供源源不断的人才智力支撑。

第二节　创新创业大赛参赛技巧

为了响应"大众创业、万众创新"的号召，各种类型的创业赛事在全国各地如火如荼地展开。创业团队参加创业赛事，不仅有机会取得优胜，获得奖金，还能得到评委和创业导师的指导，这样的收益对于创业团队而言有着巨大的价值。

创业团队参加创业赛事，除了要拿出品质优良的项目，也要为项目的展示做好充分的准备。如果有一个良好的项目，但赛前准备不充分，也难以获得优胜。本节重点介绍创业赛事的筹备方案，并对国内主要的创业赛事的评审要点进行详细的解析，有效帮助创业者进行充分的赛前准备。

创业计划大赛要求参赛者组成优势互补的竞赛小组，提出一个具有市场前景的技术、产品或服务，围绕这一技术、产品或服务，完成一份完整、具体、深入的创业计划，以描述公司的创业机会，阐述创立公司、把握这一机会的进程，说明所需的资源、提示风险和预期回报，并提出行动建议。创业计划聚焦于特定的策略、目标、计划和行动，对于无技术背景的、有兴趣的人士而言应清晰易读。创业计划可能的读者包括希望吸纳进入团队的对象、可能的投资者、合作伙伴、供应商、政策机构和顾客。

在各种创业赛事中，有侧重创意和创新的赛事，有侧重创富和创业的赛事，还有两者兼顾的创新创业赛事。在这些赛事中，有的是全国性的，有的是地方性的；有的由政府牵头举办，有的由公益组织举办，有的由企业举办；有的仅限于一个行业，有的则跨行业；有的只需要评审创业计划，有的需要模拟经营，有的则需要真金白银的实战。

国内大型的创业赛事一般都由众多的单位联合举办，其中包括指导单位、支持单位、主办单位、承办单位、协办单位、赞助单位等。但是每项赛事一般都有一两个核心的举办单位，主要负责发起、决策和全面协调赛事中的相关事宜，它们往往是举办创业赛事的牵头单位。根据举办创业赛事牵头单位的不同，创业赛事可以分为政府主办型创业赛事、高校主办型创业赛事、协会主办型创业赛事、企业主办型创业赛事和联合主办型创业赛事。

在众多的创业赛事中，有一部分是众多单位分工合作一起举办的，如每两年举办一届的"挑战杯"中国大学生创业计划竞赛，其主办单位为共青团中央、中国科协、教育部和全国学联。各个单位都在这项赛事的举办中起着重要的作用，将其归为政府主办型创业赛事或协会主办型创业赛事都不合适，因此"挑战杯"中国大学生创业计划竞赛可归类为联合主办型创业赛事。

大多数创业赛事都宣称将通过创业大赛这个大平台来实现杰出创新创业型人才的培育和选拔，但是不同的创业赛事有不同的侧重点。按照比赛目标定位的不同，创业赛事可分为选拔型、培育型和营利型三种创业赛事。

选拔型创业赛事侧重于在众多的参赛选手或项目中筛选培养价值高、可转化性强、可创造经济价值大的优秀项目或团队，其比赛重点往往不是简单分出参赛者的名次，而是对于创业项目在比赛后的成功孵化，从而实现创业项目从脑海中的创意转换为商业实体。此类赛事往往都会设置金额较大的创业基金作为奖励，引进风投资金洽谈或入驻孵化基地等项目转化措施。

培育型创业赛事侧重于创业教育载体的构建，旨在培育参赛人员的创新创业意识，激发其创业热情，传播创新创业知识，营造创新创业氛围，其比赛重点在于创业比赛过程，此类赛事更加关注参赛者和观众在比赛过程中创业精神、创业技能、创业素质的习得与提高。培育型创业赛事更多的是一个创业教育交流和互动的平台，主要面向在校学生群体。

很多大型创业赛事在比赛过程中会举办各种与比赛并不直接相关的活动。按照比赛举办活动类型的不同，创业赛事可以分为单纯竞赛型创业赛事和综合活动型创业赛事。单纯竞赛型创业赛事一般只包括开幕式、主题竞赛和颁奖典礼等环节，在比赛的过程中以赛事为中心；而综合活动型创业赛事则在比赛主要日程的安排上加入讲座、论坛、成果展览、参观考察，甚至还有新闻发布会、音乐会、庆典、文艺晚会、电视录播等。一般规模越小的创业赛事越偏向单纯竞赛型创业赛事，规模越大的创业赛事则越倾向综合活动型创业赛事。综合活动型创业赛事比较常见，如中国科学院主办的中国科学院青年创业大赛，主办方围绕创业大赛开展"创业商学院、创业故事汇、创业磨坊、创业漫游记"四大创赛子品牌活动，分别从商业模式、企业家精神、创业产品设计、创业项目运作、企业实地体验等方面对大赛进行拓展，进一步提升其比赛的综合性。

有的创业赛事仅限于某一行业，有的赛事则对所有行业开放。因此，按照比赛涉及行业对象的不同，创业赛事可分为单行业型创业赛事和跨行业创业赛事。跨行业型创业赛事比较常见，但是单行业型创业赛事也比比皆是，二者在赛事的规模上没有明显的层次差异。单行业型创业赛事更多集中于新兴行业。当前，电子商务行业的创业大赛则是最为繁荣的单行业型创业赛事，如全国大学生电子商务"创新、创意及创业"挑战赛。除了新兴的行业，科技含量比较高的行业也经常举办单行业型创业赛事，如中国农业科技创新创业大赛。跨行业创业赛事则没有限定参赛项目范围，或者主要是就参赛团队自身创业能力进行竞赛的创业赛事，如中国国际大学生创新大赛。

不同的创业赛事面向不同的参赛群体，根据比赛面向的参赛对象的不同，创业赛事可以分为面向在校学生型创业赛事、面向企业型创业赛事和面向社会全体型创业赛事。面向在校学生型创业赛事有中国大学生服务外包创新创业大赛等，此外还有专门面向留学生的中国留学人员创新创业大赛。面向企业型创业赛事则有中国创新创业大赛和中国农业科技创新创业大赛等。面向社会全体型创业赛事则有国际青年创业大赛等。

纵观国内不同的创业赛事，其比赛实施竞赛方式与内容不尽相同，但是经过归纳和梳理可以得出 3 类主要的比赛形式：作品设计型创业赛事、模拟经营型创业赛事和实战实践型创业赛事。

作品设计型创业赛事一般称为创业计划大赛，其比赛的基本形式为"提交创业计划＋初步评审＋现场答辩"。赛事要求参赛团队根据自身的实际情况提出一种具有市场前景的技术产品或者服务构想，并以实现营运为目的，完成包括行业背景、机遇分析、环境分析、企业描述、盈利模式、财务方案等内容的创业计划书，最终参与书面评审和现场答辩。其比赛的核心在于通过专家、企业家、投资家等评委对创业计划的参与和互动，使得创业团队的思路更加清晰、计划更加周详、部署更加严密，最终实现更高的创业成功率。例如，"挑战杯"中国大学生创业计划竞赛、中国国际大学生创新大赛都是比较典型的作品设计型创业赛事。

模拟经营型创业赛事一般称为创业模拟经营大赛，其比赛的基本形式为各种模拟创业经营的手工沙盘或电子沙盘。赛事要求参赛团队按照沙盘设定的角色与规则同台竞技，进行模拟的市场对抗。不同的创业模拟经营沙盘根据不同的比赛需求和比赛层次进行开发，有不同的竞赛核心，但是一般而言主要考察参赛团队在模拟经营过程中的经营规划能力、市场预判能力和资本运营能力，如全国大学生创业设计暨沙盘模拟经营大赛等。

实战实践型创业赛事的基本比赛形式为在真实的市场中进行各种真实的创业经营，一般是以在指定时间内、在允许经营范围内实现最大盈利为比赛规则。在国内大型创业赛事中，这类赛事的组织难度大、评价指标争议大、赛事影响因素多，因此不算是主流赛事。然而，实战实践型创业赛事却是检验和评估创业项目初期成效的最佳试金石，也是锻炼和提高参赛团队创业素质最直接的途径。国内大型的实战实践型创业赛事一般会加入模拟经营或项目评审等比赛环节，以增强赛事的综合性。例如中国大学生"明日网商"挑战赛，参赛团队先接受在线培训及测评，然后在网上开店进行创业实战，最后还要提交阶段性成果报告和进行现场答辩。

创业是为解决当前某一社会痛点而获取价值回报的过程，通常而言，参加创业赛事的项目除了自身具备良好的盈利能力，还需要针对赛事的举办意图对某些元素进行强化展示。

大学生创业大赛项目最终向社会提供的产品或服务需要坚持针对性原则。针对性原则是指产品或者服务要针对一定的目标客户群体。该原则强调产品或服务并不需要适合所有大众，许多产品或服务其实更应该适合小众。针对性原则的理念核心就是面向一个特定的、有清晰特征的人群，而这个人群恰恰正是某些产品或服务的购买主力或重度消费群体。项目创意策划的每一个阶段都不能忽视针对性原则，只有把握服务对象的脉搏，了解其深层的需要，推出的产品或服务才能做到有的放矢，增强竞争力。

可行性原则是创业项目设计构思的基本原则之一，是指项目的决策必须是现实条件下切实可行的，实质是指创业项目的可操作性。因为大学生创业大赛的举办不仅是为了锻炼学生的创业能力，更为重要的是期望参赛项目能够得以实施。此外，在获取外部创业投资时，项目可行性也成为投资者非常看重的一项指标。

在大学生创业大赛项目中突出可行性原则，需要重点关注两个方面的问题：一是技术上的可行性，如项目团队是否拥有国家技术专利；二是市场上的可行性，如项目是否具有前期的实践基础。

在市场竞争的环境中，创新的产品永远能够赢得足够的关注。由于其创新性，产品具有"不可比价格"的特点，可以获取更高的利润；对于消费者来说，买这种产品虽比买常规产品多花钱，却买到了"新"，满足了"与众不同"的心理。

新颖原则的体现应贯穿于整个创业项目设计制作过程，与产品或服务相关的所有因素几乎都可以用新颖原则进行新的架构。

大学生创业在不同时期、不同环境存在不同的迫切需要解决的问题。大学生创业项目设计构思的时效原则所要考虑的，就是通过创业项目的展示和实施对当前国家和区域的重大问题给以一定程度的回应，这也是大学生创业项目应该肩负的历史使命。

许多全国大学生创业大赛的金奖项目都聚焦于一些当前重要的环境、社会、经济问题，能够最大限度地引起评委和投资者的关注，产生比较好的社会效益。

参加创业比赛的团队成员是项目成功与否的一个关键性因素，主要应体现项目的专业性和实践性。具体来讲，专业性就是要求作品涉及的内容与参赛团队成员所学和擅长的专业业务、个人特长、兴趣爱好紧密结合，团队成员的组合搭配和分工在知识结构上科学合理；而实践性则要求团队成员具备融资、抵御风险、公司管理等能力，有能力将规划付诸实践。

为达到上述目标，建议组建团队时注意如下要点。从学科知识来看，团队成员最好横跨多个专业，在组合上要实现学科之间优势互补、组合科学、结构合理。从成员分工来看，团队中需要富有激情和管理经验的项目负责人，同时需要至少一个负责技术的成员、一个负责营销的成员、一个负责财务的成员。从指导顾问来看，指导老师最好有两名，一名是对项目涉及的专业领域有较多研究的专业老师，甚至某些项目可以从其科研成果转化而来；另一名则可以是专业的创业导师，可以从项目的市场调查、项目运作、项目管理等方面给予指导和建议。

同时，参赛团队成员必须满足如下要求。①具备商业思维。产学研用的核心是要把技术转化为商品，这就需要参赛团队成员在充分把握市场需求的基础上，运用商业思维，用市场经济规律考量创业项目，在服务社会的同时创造价值。②具备资源整合能力。资源整合能力是指从多渠道获取多种资源的能力，进而将各种资源合理配置，发挥资源的协同效用。创业项目团队成员除了要积极与项目的指导老师沟通，还要多向其他有专长的老师请教，利用亲人、同学、教师和社交媒体上的朋友争取更多的资源，要用自身的激情、热情、真心、执着去感染和打动资源掌控者，获得更多的支持。③具备细节关注能力。任何成功的项目都有关注细节的特征。在创业项目中，每一个环节都应该反复论证。大学生尤其需要进行实地调查、访谈，以弥补自身实践不足的缺点，防止创业项目看上去"高大上"，要实际上"假大空"，用实际数据而不是空话套话来论证商业模式。④具备追求卓越的精神。追求卓越要求参赛团队成员能从内在激励自己，不断地完善创业作品，做到尽善尽美。创业计划书完成后，参赛团队成员要主动邀请指导老师、创业导师给项目"挑刺"，不断完善创业项目。另外，追求卓越必须以行动力和执行力作为保障，这样才能够真正推进项目不断完善。

对于参加创业比赛而言，优秀的创业计划书不仅要有充实完善的内容，还需要进行有足够吸引力的呈现。在完成创业计划书的内容撰写之后，首先要做的就是优化创业计划书的排版格式。在参加比赛时，创业计划书总是比创业者先见到评委，一份格式错乱的创业计划书只会让评委联想到同样可能错乱的商业逻辑。我们必须意识到，评委并不是在同一时间只看一份创业计划书，而是同一时间比较多份创业计划书；评委会通过比较来评判创业计划书的优劣，极具吸引力的创业计划书呈现会给评委带来比较好的第一印象，反之则会产生负面影响。

除了创业计划书的排版格式，还需关注的另外 4 个重要的要素是封面、序文、目录和正文。封面需要引人注目，封面可以展示项目概要，封面的设计应融入与项目相关的元素；同时项目的名称要放在封面的醒目位置，最好通过名称直接点明项目的产品或者内容。序文要让人兴趣盎然，可采用逻辑图的形式直接展现整个商业模式，也可以采用市场数据或事实案例对项目的商业价值进行阐述，尽可能做到图多字少，让人直观地对项目产生兴趣。目录是整个创业计划书的逻辑准绳，各级标题要能够直接反映其代表的具体内容。创业计划书不同于学术论文，要从应用的角度编排逻辑，要让人读完目录就知道你的商业逻辑，这样才能引人入胜。正文方面要图文并茂，有理有据，切忌全部是文字描述。在较短的评审时间里面，唯有图像信息能够让人产生深刻印象。

最后，要尽可能多地将可用于论证项目可行性的材料及其复印件附在创业计划书后面，比如专利证书、客户实际订单（如果只是计划，没有实际订单，可与部分机构或客户签订意向订单）、产品试用报告、意向投资协议、客户访谈记录、国家政策支持文件等。

路演几乎是所有创业大赛终审决赛的必经流程，而展示工具以 PPT 为主，部分辅以 VCR，但无论采用什么形式进行展示，目的都是更直观地让评委或投资者感受项目的价值。

要想在有限的时间内通过展示和答辩使评委留下深刻印象，就必须不断演练，答辩人一方面需要充分熟悉项目的整体逻辑，另一方面需要在正式答辩前进行多次演练。首先，通过与指导老师和创业导师充分交流，将答辩评委可能产生的疑问汇总成问题数据库。赛前咨询的人越多，数据库越完整。其次，通过对创业计划的深刻理解撰写具备说服力的回答话术，并不断通过回答测试优化话术，最终形成问答数据库。再次，将路演的演讲内容全部写下来，不断优化演讲内容，做到逻辑性与感染力并存，接着深度记忆，直到流畅表达，同时与团队成员进行问答演练，反复练习 15 ～ 30 轮。最后，邀请相关专家组成模拟答辩团，进行 2 ～ 3 轮的正式答辩演练，根据反馈不断优化内容和答辩状态。

第三节　创业项目全面实施

了解了创业相关内容以后，我们要明确创业项目应该如何全面实施。对于学生阶段的各位同学来说，创业项目的全面实施主要依托于我们对创业赛事的深度参与，所以本节我们将重点分析如何全方位地参与创新创业的相关赛事，通过对比赛的了解与参与，侧面促进创业项目更好地全面落地。

首先来梳理一下参加比赛的全部流程。参加创新创业比赛时我们必须要确定好创业项目，所以我们必须明确现阶段创新创业项目的主要来源，以及什么样的创业项目是比赛中的热门选题。在确定了创业项目以后，我们要明白一个好的创业项目应该建立什么样的商业模式，同时应该如何去完成自己的创业计划书和 PPT 及 VCR 的制作，同时在路演答辩方面又应该做哪些准备。

我们先来看项目的来源，下面将介绍 11 个项目来源，大家可以通过了解这些项目来源及其特点和优势，来寻找和判断自己的创业项目。

项目来源之一，来自学生自发的创新创业项目。其特点是项目都来自学生自发的创意、自主的创新，属于学生对商机的发现，往往结合了学生的兴趣爱好和好奇心，和学生熟悉的学习生活环境直接相关。

项目来源之二，来自科技成果转化的创业项目。它的特点是教学科研相结合，以博士研究生或者硕士研究生为主导。其优势就在于依托高校老师的科技成果，发明专利、科研立项及研究成果。

项目来源之三，来自产教融合的创新创业项目。这类项目往往来自学校与当地的产业结合，可实现资源对接，能够促进地区企业转型升级，能够让学生更好地学以致用。

项目来源之四，来自学校优势学科的创业项目。这类项目的特点就是紧密结合本校专业与学科特色，既促进专业提升又促进学科特色提升。

项目来源之五，来自互联网新技术的创业项目。这类项目往往是互联网重新构建世界的连接方式，可重新配置社会资源，比如我们常见的人工智能、物联网、大数据、云计算等新技术，实现了互联网平台与新技术的合理配置与应用。

项目来源之六，来自校友大手拉小手的创业项目。这类项目的特点就是合理地利用丰富的社会资源和教学资源，通过挖掘校友企业的资源来打造优秀的创业项目。

项目来源之七，来自社会公益需求的创业项目。这类项目的特点就是与社会关爱息息相关，有来自社会、高校或是政府的支持。

项目来源之八，来自"一带一路"的创新创业项目。中国倡导的"一带一路"会带来巨大的商机，世界经济的深度融合会带来更多的全球整合资源、创新创业的机会。

项目来源之九，来自传统电商的创新创业。这类项目的特点是依托现在众多的电子商务平台，相关的优质销售渠道众多，资源丰富，适合众多的小微企业进行创业。

项目来源之十，来自家族产业产权的创新创业项目。这类项目往往是产业产权的接班，以及由"创二代"实现家庭产业与互联网的对接。这类项目往往具备丰富的资源，并且企业已经达到成熟发展的阶段。

项目来源之十一，政府公共采购的创新创业项目。这类项目往往以政策导向为基础，旨在促进经济快速发展以满足市场需求。这类项目更多以政府为主导，针对性更强，同时需要拥有丰富的政府资源。

接下来我们再看看创新创业大赛的项目要点，首先要有很好的项目概述，明确以什么为使命，凭借什么样的技术、模式与核心优势，实现什么样的目标，最终成为什么样的企业。我们首先来梳理商业模式。

商业模式是什么？就是企业结构的核心要素。企业结构的核心要素包括以下几点。首先，创业项目要针对需求，通过客观的数字和案例来论证其紧迫性和真实性。同时，在整个商业模式中，要能够清楚定位你的目标客户是谁。我们普遍定位客户为机构客户和个人客户。对于客户的特点，要详细分析，这样才能更好地找到目标客户的切入点，这对于创业项目的前景、市场规模很重要，如果市场规模本来就很小，也就意味着发展受限。市场规模等于客户数量乘以人均消费金额。其次，需要构建一个合理的产品体系，包括对产品体系的功能和技术的介绍。如果只有产品，则需要根据客户群体的特点和产品的特征构建合理的营销体系，通过线上体系和线下体系分别进行阐述。最后，将此前样本市场测试的结果进行呈现，说明以上商业模式的可行性。

从创新创业大赛商业模式构建与论证角度看，对于科转类项目，往往最关注的是技术壁垒。这类项目的实施需要具备3个条件：具备显著的技术优势、拥有强大的资源优势、科学前沿的领先程度要高。

这类项目商业模式的设计要点往往也是最简单、有效、直接的。高校创新创业项目在构建此类商业模式的时候一定要注意3个要点：紧抓核心优势；避免重技术轻市场；大手拉小手，共建共筑。

文创类项目则不同，其往往更加重视先发优势。设计这类项目的商业模式时需要注意让自己的体系体现差异化。

创业项目需要凸显自身的核心优势，包括团队的优势、产品的优势、营销的优势，以及特殊资源。投资者都希望整个创业团队具备良好的精神风貌，有超常的勤奋度和超强的意志，同时有优秀的核心能力。当然，这些能力都不能依靠自己的吹嘘来呈现，而需要用证据来证明。产品的优势需要分别从功能、成本、研发能力3个层面针对整体行业、龙头企业、最强产品功能进行对比说明，而营销体系需要针对整体行业、龙头企业、最强营销企业进行比较。创业项目初期往往都是通过特殊关系进行项目扩展的，因此，商业模式中不需要避讳对特殊资源的说明，比如学校很多科转项目，初期的客户往往来源于与学校建立合作的企业和机构。此外，对于如何长期保持项目核心优势，要从研发投入、品牌形成、壁垒形成、客户习惯、规模性5个层面进行说明。

创业项目需要盈利才能生存，当然在商业模式中也需要对业绩进行预测。创业项目通常瞄准的都是上市，而投资者的退出也往往通过上市后的股票变现进行，很多创业赛事的评委都是由投资者来担任的，所以，业绩预测以首次公开募股条件为目标是最能打动他们的。这里我们把首次公开募股条件分为两大类，一个是主板、中小板，另一个是创业板。那么他们的首次公开募股条件分别是什么呢？国内主板、中小板的要求是持续经营3年以上，最近3个会计年度经营活动产生的现金流量净额累计超过5000万元，或者最近3个会计年度营业收入累计超过3亿元；同时，最近3个会计年度净利润均为正数，且累计超过3000万元。国内创业板的一个条件是持续经营3年以上，另一个条件是最近2年连续盈利，最近2年净利润累计不少于1000万元，或最近1年盈利，最近1年营业收入不少于5000万元。中小板、主板、创业板都有一个共同的要求，就是净利润为正，所以很多暂时还没有利润的互联网企业都在国外上市。为了实现这个业绩目标，我们要做一个整体的业务规划，规划主要从3个层面来进行，即从团队建设到产品开发，再到市场拓展。为了把产品和市场开拓做得更加精准，可以规划每年的产品研发完成度，并在市场规划中突出每年市场区域的扩展、获取客户数量还有市场份额等，包括一些意向合作企业的名称，都可以列出来。融资计划要说明融资总金额、出让股份数，并且详细说明资金的用途。另外，很多创业赛事，尤其是中国国际大学生创新大赛（原中国国际"互联网+"大学生创新创业大赛），都会对带动就业情况有所考查，所以也可以对近 2 年带动就业的趋势进行详细说明。

创业计划书的撰写对很多创业者来说是个难题。在撰写创业计划书时，很多人会在网络上寻找模板，但是不建议照搬这些模板。对于投资者和评委来说，是很容易分辨创业计划书是否存在照搬行为，因为照搬的创业计划书往往商业逻辑不正确。通过梳理创业计划书的基本逻辑，我们能更好地把握一个创业项目应该思考哪些问题，不同的创业项目对应不同的逻辑。

创业计划书的基本逻辑首先是我们发现了什么问题，这个问题可能是个痛点，可能是一个趋势，但一定是我们的商机；然后依次是我们用于解决这个问题的技术或模式、我们如何把技术转化成产品、我们把产品卖给哪类群体、我们的产品是否具备优势、我们如何实现营销过程的落地、谁来执行以上计划、我们能够赚到多少钱。

创业计划书往往具有以下几部分内容。第一部分是前言，包括封面和执行摘要。第二部分是正文，需要呈现以下几个主要内容，例如市场机会、产品与服务、市场分析、营销计划、融资需求，以及可能的投资回报。这部分我们则需要看到一个项目的战略布局、产品研发、生产服务、市场营销、人力资源、资本财务。结尾则是整个项目的附录，附录的主要作用是提供相关的佐证材料来证明项目的真实性和落地性。佐证材料又分为政策支持文件、荣誉证书、专利证书、测试报告、已发表的论文、市场调查问卷及分析、新闻媒体的报道，以及相关的工作图片、意向合作协议、意向投资协议等。

下面我们主要来看看 PPT 和 VCR 的制作。在实际的投资当中，投资者更喜欢看 PPT，而不喜欢看太长的 Word 版创业计划书，因此，这里主要梳理 PPT 的逻辑。PPT 的逻辑与 Word 版创业计划书基本一致。大家在制作 PPT 的时候，一定要注意，文字应尽可能少，多用图和表的方式进行呈现，这样才能最直观地展示创业项目。

接下来是 VCR，很多创业团队直接基于 PPT 生成 VCR，这是完全没有意义的，因为它们几乎同时出现在投资者面前，所以 VCR 一定要与 PPT 有差异，同时，建议为 VCR 配字幕以便理解。制作 VCR 时可以参考优质广告的叙事结构和手法。

一切资料准备齐全后，就要通过阐述和答辩来呈现创业项目了。有很多学生说："老师，我很内向，阐述不流畅，怎么才能把项目讲清楚？"其实，要做到流畅阐述很简单，一般创业项目阐述的时长为 5 ～ 8 分钟，人讲话的语速通常为每分钟 240 个字。你把要讲的每句话写下来，不断背诵演练，演练几十次以后就能顺畅阐述了。那么，阐述创业项目要讲哪些内容呢？首先是项目综述，包括"用什么样的产品为什么样的人群创造什么样的价值、凭借哪些优势、在 3 年内达到什么规模、未来将成为什么样的企业"；接下来呈现你的商业模式，按照创业计划的要点呈现客户群体及潜在市场规模、产品体系和营销体系；然后凸显你的项目的核心优势；接下来才是核心团队的介绍。我曾经看到很多创业项目在展示的时候喜欢把核心团队放在最前面，其实是没有必要的，对于评委和投资者而言，他们更希望知道你找到的市场痛点及解决方案。所以，对于创业项目，尤其是连公司都没有注册的创业项目，对于核心团队的介绍一定要往后放。最后呈现财务预测和融资计划。将阐述稿写好之后，独立背诵到纯熟，在压力环境下阐述 60 次以上。什么叫压力环境？就是别人随时可能质疑你、打断你的环境。答辩的时候，评委的主要问题会聚焦在项目、团队、产品体系、营销体系、竞争对手对比、当前与未来的最大风险和问题，以及如何应对、业绩预测数据的推算原理等方面。当我们根据当前的创业项目梳理出关键问题之后，就要与团队成员及指导老师进行 60 次以上压力环境下的答辩演练，这样才能具备良好的现场表现。你们所看到的创业项目路演中那些表现杰出的创业者，在场下都进行了上百次的演练。

从大赛的答辩与路演的角度，需要明白一个要点，我们在短短几分钟的时间是很难拿到投资的，要做的更多的是引起投资者的兴趣，所以我们要对答辩和路演的展示结构进行梳理，要讲清楚我们的市场机会，描述清楚用户的需求，并给出解决方案，阐述具体做法，陈述团队优势，从团队自我介绍开始讲如何发现用户需求，进一步描述市场机会及选择原因，最后讲解怎么去做。

首先我们要对答辩和路演展示的内容进行视觉优化，页数精简到 10 ～ 15 页，色彩也要进行精简，不建议超过 3 种色彩，也不建议使用渐变的色彩，减少色彩的层次。排版要精简，重点突出，浅显易懂，主题也要精简。展现文字时少用艺术字体，保证文字内容清晰明了直观。关键词展示要巧用数字，并且要用阿拉伯数字，减少沟通障碍。

创业项目的打磨是一个长期的连续性工作，打磨工作不能一次完成，需分阶段、分步骤实施，让创业项目逐步完善与优化。根据创业项目的状态，我们可将创业项目大致分为 3 个阶段，即创业项目雏形阶段、创业项目成型阶段、创业项目冲刺阶段。

创业项目的打磨是一个循序渐进的过程，在项目打磨过程中不断地累积、沉淀指导经验，并且不断总结，这些都会帮助创业团队更好地掌握项目打磨技巧。

创业项目雏形阶段：有一个创业项目，但项目的商业性还不明确。此阶段以调整项目商业性为主，直至商业模式能够实现。

创业项目成型阶段：创业项目经过创业导师指导后基本具备商业性。此阶段以优化商业模式为主，直至项目商业性足够强。

创业项目冲刺阶段：创业项目具备较强的商业性，进行项目亮点打造和提炼，直至项目具备一定的冲击能力。

创业项目雏形阶段的核心工作包括创业项目分析，通过路演、团队阐述等方式详细了解项目。分析创业项目处于哪个阶段，根据项目的不同阶段进行修改。

接下来进行分析和诊断，分析和诊断流程为：分析痛点，结合创业项目分析目标客户与目标市场存在的痛点。分析时，根据产品性质的不同，将产品分为日常能接触到的产品和日常很难接触到的产品。分析日常能接触到的产品时，将自己进行角色转化，并问自己："我会买这个产品吗？"分析日常很难接触到的产品时，需要进行市场调研或者咨询行业内的人群，主要了解"我会买这个产品吗？我现在存在这个问题吗？"如已有相关的产品，请对已有的产品做简要的对比分析，然后根据存在的市场痛点给出合理的解决方案。一个市场痛点问题有几种甚至十几种不同的解决方案，我们要分析哪种方案是最佳的方案。最佳方案一要结合团队自身情况，量体裁衣；二要符合市场客观规律，避免脱离实际；三要具有独特的优势，如技术领先性、综合性价比高等。

创业项目进入成型阶段后已具备一定的商业性，但是创业项目自身亮点还不明显，本阶段主要是提炼创业项目的亮点，从而确保创业项目能够在众多创业项目中脱颖而出。

要对创业项目进行优化升级，主要从竞品分析、产品升级、产品定位（细分目标市场）、营销模式、团队优化、灵魂提升这6个方向逐步提炼亮点，提高创业项目辨识度。

通过竞品分析，找到产品真正的独特优势。产品优化，即是根据竞品分析优化产品。产品定位，则是根据产品特点锁定目标市场。营销模式，是指根据产品属性和特点匹配最优的营销模式。团队优化，是指内外兼修，提炼团队独特"气质"。灵魂提升，是指"画龙点睛"，彰显项目格局与情怀。

当创业项目进入最后的练习阶段则要做到第一次模拟路演时全员参加，全程录视频，对各环节计时。根据模拟路演情况（老师点评、视频回放、同学建议）进行创业计划书调整。本次调整幅度不用太大，主要从排版、格式等入手，并进行PPT修改和演讲文字稿调整。第二次模拟路演时全员参加，全程录视频，各环节计时。

路演专项训练如下。

熟读阶段：每天2小时，每次24遍（3天）。

背诵阶段（2天）：结合PPT模拟训练10次（邀请同学、老师、陌生人听，并请他们给意见），撰写评委可能提出的问题及答案。

第三次模拟路演时（评委、指导老师、学校领导参加），路演时间节点一周一次路演。

以上就是创业项目全面实施的基础筹备工作。在完成相关工作以后，我们才能够在比赛当中取得更好的成绩，从而实现创业项目全面实施。

☞ **随堂讨论问题**

1. 你是否准备参加创新创业大赛，请说明理由。

2．请谈谈大学生参加创新创业大赛的益处。

3．大学生参加创新创业大赛需要注意哪些事项？

☞ 作业

1．请根据你选择的项目参加一项创新创业大赛。

2．模拟一场创新创业大赛路演。